图解 精益制造036

SCM供应链管理系统

図解 SCMのすべてがわかる本

[日] 石川和幸 著　　李斌瑛 译

人民东方出版传媒
People's Oriental Publishing & Media
東方出版社
The Oriental Press

目　录

第 2 章

物流是产生竞争力的基础设施

第 3 章

SCM 应从销售计划开始

第 4 章

重中之重的供需计划

第5章

顺利推动SCM的生产计划

第 6 章

采购计划与供应商

第 7 章

实际性业务的速度会产生竞争优势

第 8 章

如何在不断扩大的 SCM 领域中先发制人

第 9 章

SCM 的过去与未来

第 10 章

为了建立更加强大的 SCM，必须解开"绳索""重新编织"

第 11 章

构建 SCM 的步骤及重点

前　言

许多企业向我咨询过 SCM 改革与重建 SCM 业务流程的问题。咨询的原因可以大致分为以下 4 个方面：

①过去的 SCM 改革失败了。

②改革虽暂时发挥了效果，但又很快恢复原状。

③环境改变了，需要再一次进行 SCM 改革。

④打算从现在起着手 SCM 改革。

一般认为，属于上述①、②两种情况的企业可以说是在 SCM 改革中失败了。我这么说也不怕被人误解，我认为失败的原因在于“错将 SCM 改革当成了临时的改善”。他们误认为只要引进了 SCM 系统，或是成立了 SCM 组织，就算完成了 SCM 改革。

除此以外，或许他们还误认为 SCM 改革是“在有限范围内的业务改善”。各个企业（认为自己）实施的 SCM 改革几乎都是业务改善，如合并仓库、削减库存、改善从接受订货到出货的业务、优化物流，等等。

那么结果如何呢？尽管改善了一部分业务，但是对其他部门造成了不良影响，既没有给顾客带来方便，也没有对财务做出贡献。可以说并没有给自己公司的业务带来好处。

SCM 是 Supply Chain Management 的简称。既然被称为“管

理”，其目的就是为了达到企业利润最大化的商业目标，有计划地合理分配人力、物力、财力等经营资源，使 PDCA 管理周期能够顺利运转。临时的改善并不能建立起对持续盈利的供应链进行管理的机制，也不可能实现或促进持续性改革。

你的公司业务如何？应该选择怎样的商务模式？为了实现该商业模式，应该如何构筑供应链的基础、管理业务模式与实际业务？——如果不弄清楚这些问题，就无法理解竞争力的源泉是什么、如何组织业务、如何经营业务，也就无法构建 SCM 的机制。

本书详细介绍了如何构建 SCM，即供应链“管理”的方法。章节结构如下所示，各位读者可以从感兴趣的部分开始阅读。

第 1 章：SCM 的目的是持续盈利，本章介绍 SCM 可以为达到该目的做出哪些贡献。

第 2 章：介绍 SCM 的基础设施——实际的物流结构。明确提出构建 SCM 基础的方法，并且阐明能够支撑其后的 SCM 的计划以及实施指示的改革的着眼点。

第 3 章到第 6 章以功能为单位介绍 SCM 的关键要点——计划性业务。计划性业务决定了企业能够提供给顾客的服务层次。换言之，这是与企业的财务直接相关的重要业务，它决定了产品的库存数量、生产与采购的范围。

计划性业务左右着公司的盈利，应该认真制定。然而过去出版的许多 SCM 相关书籍几乎都没有提及最重要的计划性业务。这是因为从外部视角来看，计划性业务十分复杂、隐秘，同时企业内部也容易只关注眼前的实际性业务与会计数字，而没能及时认识到计划性业务的重要性。

决定业绩的最重要因素不是接受订单、出货与配送等实际性业务，而是优秀的计划性业务。本书着眼于计划性业务的重要性，可谓鲜有人为。

第 7 章介绍接受了计划性业务后，如何有效地组织实际性业务。如果不能有效组织接受订单、出货等实际性业务的话，好不容易制订出的计划也会变成“纸上谈兵”。为了执行计划，需要有效的、及时的实际性业务。

第 8 章基于 SCM 领域的扩展倾向，列举了进一步发展 SCM 的方法。文中记述了为了检验实施结果、进行改善而采取的“可视化”SCM 方法，以及为了使 SCM 取得更大收益而扩大视野的方法。

第 9 章描写了 SCM 的最新动向。

第 10 章、第 11 章为实际开始构建 SCM 提供重要的视角。

第 10 章将构建 SCM 过程中的种种错综复杂的因素如同“绳索”般解开。如果不搞清各种复杂因素的话，SCM 就无法成立，企业业务就会一直依赖于专家的人为因素，变得暗箱化。

最后在第 11 章中明确提出了构建 SCM 的步骤。相信各位读者通过本章即可理解如何构建适合自己商业模式的供应链的重点了。

本书对开头列举的③环境改变了，需要再一次进行 SCM 改革的企业、④打算从现在起着手 SCM 改革的企业来说也是不可多得的福音。因为本书明确地介绍了构建、重建 SCM 的方法，总结了多种方式方法不会重蹈许多企业失败的覆辙。

SCM 是探讨“可将管理质量提高至何种程度”的永久改革课题。

企业存在组织、人、风险与利害，在各种各样的制约条件纠缠不清的情况当中，为了最大限度地持续提高利润，就需要考虑如何应对激烈变化的环境，“在必要的场所、必要的时间、以必要的数量供应必要的产品”。

SCM 的职责是面对千变万化的环境预测未来，思考对策，利用有限的经营资源，为了持久盈利而构建管理系统。我的使命则是通过本书尽可能给更多的企业做出贡献。希望本书可以成为大家的参考。

石川和幸

第1章

通过 SCM 可以实现哪些内容?

1-1 消除组织·公司的隔阂

构建从原材料到顾客的有效供给链

只要制造出产品就能卖出去的时代已经结束了

在经济高度成长期，一直以来企业只要制造出产品就能卖出去。工厂只顾埋头制造产品，放进仓库里，然后销售拼命推销产品是那个时代的常态。然而如今同类产品遍地都是，只要制造产品就能卖出去的时代已经成为了历史。

顾客的选择范围也大了很多，如果买不到某个产品的话自然会购买其他公司的东西。因此不能保证产品供应的公司其经营就会变得很困难。另一方面，顾客变得反复无常，有时没多久就厌倦了不想再买。这样就容易造成库存过多，不好处理。

只要制造出产品就能卖出去的时代已经结束了。因此我们需要对库存进行管理，“在必要的场所、必要的时间、以必要的数量供应必要的产品”，相反在不必要的时候停止供应、生产、采购，不浪费库存。

SCM 的出现、跨组织·公司的合作

面对顾客的变化，服装与消费品厂商、零售商为了摆脱这一困境，开始了跨组织、公司的合作。零售商向服装或消费品厂商公开店铺的库存与实际销售信息，使其可以进行迅速的补货与库存管理。这一举措始于美国，被称为 QR（Quick Response）、ECR（Efficient Consumer Response）。

通过跨组织、公司的合作，不仅可以及时补充商品，避免因缺货导致无法销售商品的情况，同时还可以将库存分配至销量高的店面，把剩

⊙目标是消除组织·公司的隔阂⊙

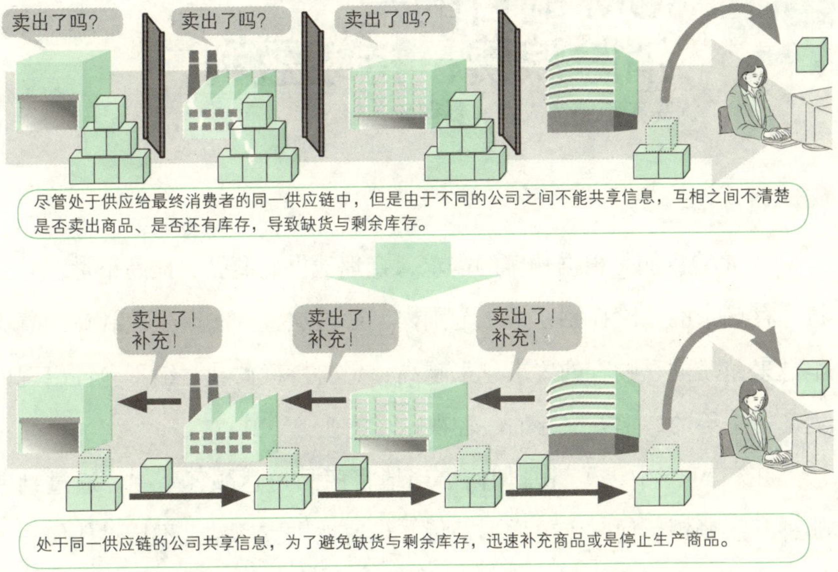
卖出了吗?
卖出了吗?
卖出了吗?
尽管处于供应给最终消费者的同一供应链中，但是由于不同的公司之间不能共享信息，互相之间不清楚是否卖出商品、是否还有库存，导致缺货与剩余库存。
卖出了！补充！
卖出了！补充！
卖出了！补充！
处于同一供应链的公司共享信息，为了避免缺货与剩余库存，迅速补充商品或是停止生产商品。

余库存控制在最小范围内。以前经常出现缺货时置之不理、等顾客已经购买了竞争商品之后再补充库存，或是卖剩的商品在撤架前一直陈列在货架上等糟糕的情况。而如今做生意的方法、供给链管理的方法已经发生了巨大的改变。

这种 QR、ECR 发展为 SCM（Supply Chain Management= 供应链管理）。供应链是指供应的锁链。对供应的锁链进行有效管理即 SCM。

有效是指实现“在必要的场所、必要的时间、以必要的数量供应必要的产品”。因此需要供应链中的组织与公司互相共享信息，将业务合作视为目标 。

实际上，在日本的一部分制造业当中已经实现了跨组织、公司共享信息以及业务合作。比如说汽车产业等。但是，正是因为 SCM 概念的出现，这一观念才能渗透至流通、零售业，并普及到所有产业当中。

1 2

SCM 的目的是“消除浪费、持续盈利”

提高实际销售成绩、贯彻库存管理

SCM 产生盈利

SCM 的目的是根据顾客的需求，合理地供应商品、提高销量，并且将库存剩余的风险控制在最小范围内，通过这些方法产生盈利。随着竞争越来越激烈、顾客的要求越来越高，想要持续盈利，绝不允许出现由生产方主导的、卖方主导的、轻视顾客的业务方式。

在 SCM 当中，关键是如何恰当地将商品送达顾客手中。通过判断哪种商品畅销、何时需要增加补货，迅速地供应商品，不错过任何一个顾客。幸好如今信息系统得到了发展，我们很容易得知销售的实际情况与库存，并且下达补充商品的指示。要想建立**在下达补充商品的指示后马上即可交货的体制**，首先必不可少的就是 SCM 机制。

然而，现在我们面临的一大关键问题是**如何事先恰当地准备出用于补充的库存**。这是因为在顾客下了订单之后很难马上生产。生产是需要一定时间的。考虑到这段时间，就必须采取一定的手段来应对紧急的补货需求，如事先生产，或是事先订货，等等。

如果能够构建顺利地补充商品、事先恰当地准备用于补充的库存的 SCM 机制，就可以“在必要的场所、必要的时间、以必要的数量供应必要的产品”，即可以获得盈利。

但是，若为此持有大量库存的话就会产生卖剩、滞销或是商品陈旧化的风险。在 SCM 当中，**如何消除库存的浪费**是一大重要的课题。我们需要通过控制库存来消除浪费，进一步产生盈利。

⊙为了达到 SCM 的目的⊙

SCM 的目的是“消除浪费、持续盈利”。

具体来说……

根据顾客的需求，及时地供应商品、提高销量，并且将库存剩余的风险控制在最小范围内。

为了做到这些……

- 判断哪种商品畅销、何时需要增加补充，迅速地供应商品。
- 事先恰当地准备用于补充的库存。
- 在事先准备用于补充的库存时，精心制订计划使库存不会剩余。

让 SCM 产生盈利的机制

在现今竞争激烈的时代中，成功地建立起自己的业务体系的要数便利店了。便利店积累了商品的实际销售数据、贯彻库存管理以应对顾客需求、将库存剩余的风险最小化，以此提高了收益性。

而传统的零售业无法与便利店相抗衡。零售业不仅难敌便利店 24 小时营业，更重要的是在商品种类齐全方面也不得不俯首称臣。人们想要的日常用品大多都在便利店里出售。而且便利店尽管地方不大，但却以最小限度的库存供应了种类繁多的商品。这是因为便利店在备货时准确地掌握了销售的实际业绩，滞销的商品根本就不会准备库存。

便利店积累了实际销售的数据，并且在详细分析实际业绩之后制订库存的计划与进货，支撑着上述管理细节的正是这一细致入微的工作与高频率地进货等机制。可以说便利店已经具备了管理供应链机制。

1-3 支撑 SCM 的机制

基础（物流）与业务的 3 大支柱（计划·实施·评价）

✣ 物流是 SCM 的基础

物流是 SCM 当中最基本的机制，也称作 SCM 的基础设施或是基础。其包括商品配送、仓库保管、出入库等功能。

物流的选择与组合有多种方法。在哪里设置仓库、每天配送几次、仓库与卡车、作业人员是使用自己公司的还是委托其他公司、海外物流是空运还是海运，等等，如果能够对这些因素进行合理的选择与组合，SCM 就能拥有竞争力，保证盈利。

✣ 控制公司收益的“计划”机制

计划是 SCM 中最重要的功能。从长期来考虑的话有战略与长期计划，从 3 年左右的中期来考虑的话有中期计划，短期则有年度计划、月度计划、周计划。在 SCM 当中，计划的好坏会影响公司的收益性。

比如说，在长期计划当中，只要决定引进设备，就能确定设备的生产能力了。年度计划中采购零部件的计划与供应商达成一致时，就能确定采购零部件的数量，使用该零部件的产品数量也会因此受其限制。在月度计划当中如果决定了工厂作业人员的轮班工作时间，就可以确定该月的装配能力等。确定了销售计划之后，就可以决定必要的库存计划，也就能事先准备商品库存。像这样，根据计划事先准备好的诸多制约项目会对收益造成影响。

✣ 产生竞争优势的“实施”机制

在 SCM 当中，速度就是生命。如果销售同样的商品，下单后 3 天

⊙ SCM 的结构⊙

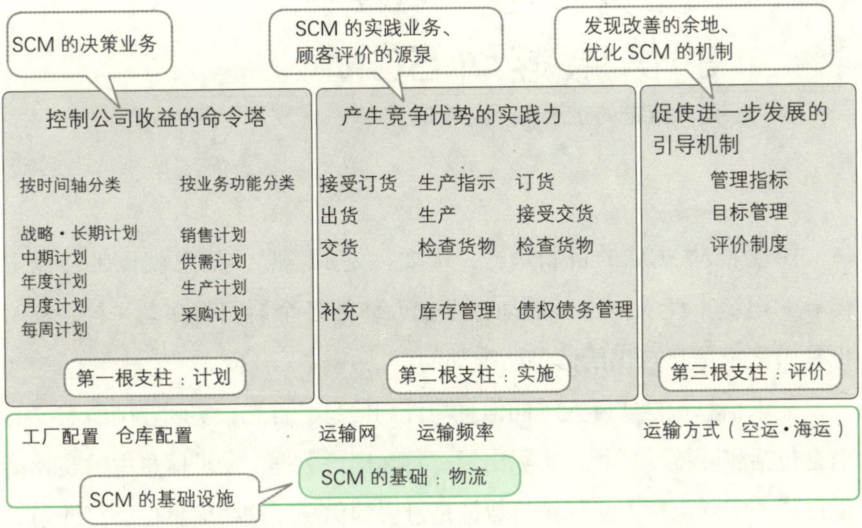
SCM 的决策业务
SCM 的实践业务、
顾客评价的源泉
发现改善的余地、
优化 SCM 的机制
控制公司收益的命令塔
按时间轴分类
按业务功能分类
战略・长期计划
中期计划
年度计划
月度计划
每周计划
销售计划
供需计划
生产计划
采购计划
第一根支柱：计划
产生竞争优势的实践力
接受订货
出货
交货
补充
生产指示
生产
检查货物
库存管理
订货
接受交货
检查货物
债权债务管理
第二根支柱：实施
促使进一步发展的
引导机制
管理指标
目标管理
评价制度
第三根支柱：评价
工厂配置 仓库配置
运输网 运输频率
运输方式（空运・海运）
SCM 的基础：物流
SCM 的基础设施

到货的公司与下单后 10 天到货的公司，你会选择哪一家？

当然是选择早送到的那家了。一般来说，顾客购买商品之后都希望早些使用商品。而且订购后尽早到货的话，就可以早些销售、使用。马上送到的话，还可以不用“储备”大量的库存。订购后早到货比晚到货更能对收益做出贡献。

也就是说，支撑着“订货”、“出货”、“交货”运转的业务机制的好坏对企业竞争力造成了很大的影响。

✣ 促使 SCM 进一步发展的“评价”机制

在实施 SCM 的业务时，如果有对制订计划与实施结果的质量进行评价的机制，就可以根据其结果进一步发展公司的 SCM。通过该机制检验预测的准确度、缺货率、是否将库存控制在较低水平、配送的时间与工厂生产商品的时间是否缩短、供应商是否遵守交货期限等内容，并对其进行改善。

1-4 “需求”与“供给”的信息推动 SCM

向供应链的上游与下游传递

❖ 需求的信息通知上游

想要推动 SCM 的机制运行，需要一定的信息。信息就像是神经中传导的电流，使人体得以活动。正如人体的各个器官都在动一样，SCM 也是由需求信息与供给信息所推动的。

需求信息包括实际业绩的信息与计划信息。首先，实际业绩所需要的信息包括实际接受订货、实际出货、实际销售数据。需求信息中的实际接受订货、实际出货、实际销售数据是过去的信息。这些信息在制订计划时用于预测需求，或是在制订销售计划时作为输入信息、参考信息使用。

另一方面，计划上的需求信息是指需求预测、销售计划、活动计划等。在通过预测进行生产与采购时，需要通过该计划中的需求信息来下达实施的指示。因此，正是计划上的需求信息推动了 SCM 的流程。

实际需求是指实际订货。计划上的需求信息主要是公司内部的信息，而实际需求是由顾客提供的信息，拥有向顾客交易产品、商品的责任。这两方面的信息对推动供应链来说都是重要的信息。

❖ 供给的信息通知下游

供给信息与需求信息是相反的流程。供给信息也包括实际业绩与计划两种类型。实际业绩的信息包括实际供给的入库数量、库存。计划上的供给信息包括预定入库数量与交货期限信息。应对和处理实际需求的供给信息即对交货期的回复。回复交货期时需要确认从产品、商品出货后到顾客收货为止的进度，相当于出货期进度信息、物流追踪信息。这

⊙需求与供给的信息发生连锁作用⊙

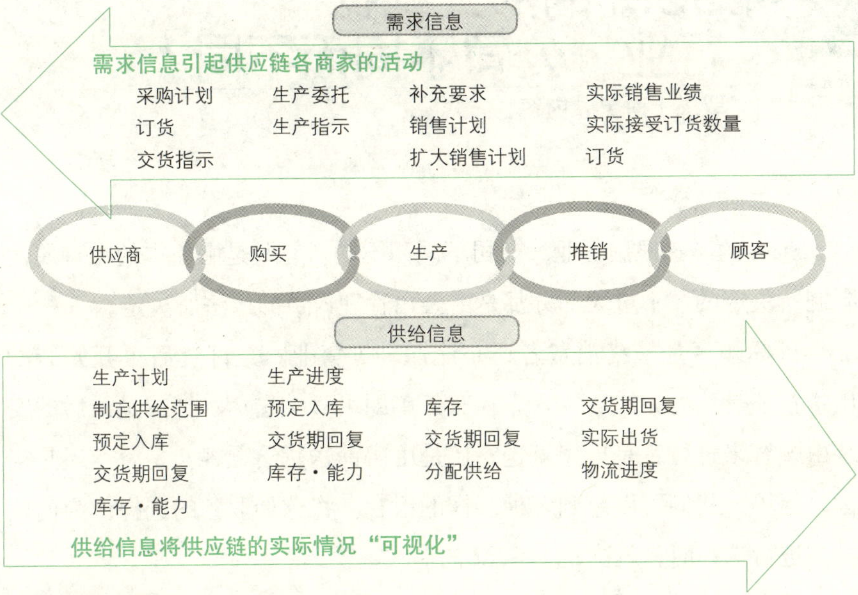
需求信息
需求信息引起供应链各商家的活动
采购计划
订货
交货指示
生产委托
生产指示
补充要求
销售计划
扩大销售计划
实际销售业绩
实际接受订货数量
订货
供应商
购买
生产
推销
顾客
供给信息
生产计划
制定供给范围
预定入库
交货期回复
库存・能力
生产进度
预定入库
交货期回复
库存・能力
库存
交货期回复
分配供给
交货期回复
实际出货
物流进度
供给信息将供应链的实际情况“可视化”

些可以称为物流进度信息。

实际供给中的实际入库数量应计算在库存当中，并且作为接受订货时的补给、出货的对象。此外，它还构成了制订计划需求时的基础。因此我们需要根据库存情况，为不足的部分制订生产计划、采购计划。

入库预定与交货期信息是对计划上的需求信息进行“反馈”的信息。销售提出100个商品的生产计划要求，工厂制订制造100个商品的生产计划，就会产生100个商品的预定入库。当需求信息与供给信息相比，供给数量要少的时候，就需要探讨能否提前进行生产计划等事项。而当工厂长期停工时，则需要进行相反的讨论，看供给量是否应比需求信息多一些。

交货期回复是对能否满足实际需求进行“反馈”的信息。如果供给量低于需求信息时，则可以回复将其作为未交货的订单进行管理，迟些时候分开交货，等等。

1-5 SCM的形式根据行业·公司不同而不同

取决于对象、内容、方式

✣ 商业模式决定SCM形式

SCM的形式根据行业·公司不同而不同。有些是由原本的物理属性限制所决定的，不过大部分都是由公司管理人员的想法所决定。

目标顾客是最终消费者还是流通·零售业？是订货后再开始装配出货？还是装配完成后放入库存有订单即可直接送达？抑或是最后的安装由顾客来进行？是厂家直送？还是由店铺送货给顾客？是海运还是空运，等等，我们可以想到多种多样的组合。将这种业务的选择作为商业模式进行选择时，就决定了SCM的形式、模式。

比方说，普通的电脑厂商是在代理店或零售店销售成品。其通过预计生产在库存中陈放成品，然后通过厂家直送或是代理店配送来送至顾客手中。

而同样是电脑厂商的戴尔公司则不通过零售店，而是直接接受顾客的订单。其商业模式是在接受订单后装配好电脑并直送给顾客。公司没有库存。

商业模式不同，SCM形式也不同。首先，库存的形式不一样。普通的电脑厂商是在库存中陈放成品。库存场所包括流通·零售业的店铺、仓库、自己公司的仓库等。其通过计划信息生产成品，交给顾客，厂商通过接受订单向流通·零售业供货。而戴尔是在库存中陈放零部件，在顾客订购后装配好成品并且直送给顾客。其通过计划信息准备零部件，但零部件的持有者是零部件厂商，在戴尔使用零部件装配电脑时才供应给戴尔并完成销售。

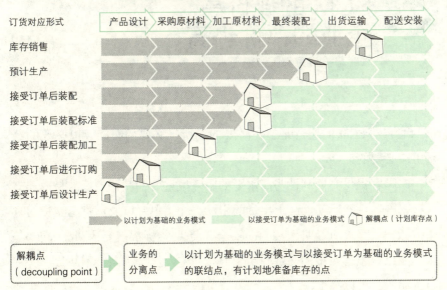

⊙业务流程根据解耦点的位置不同而改变⊙

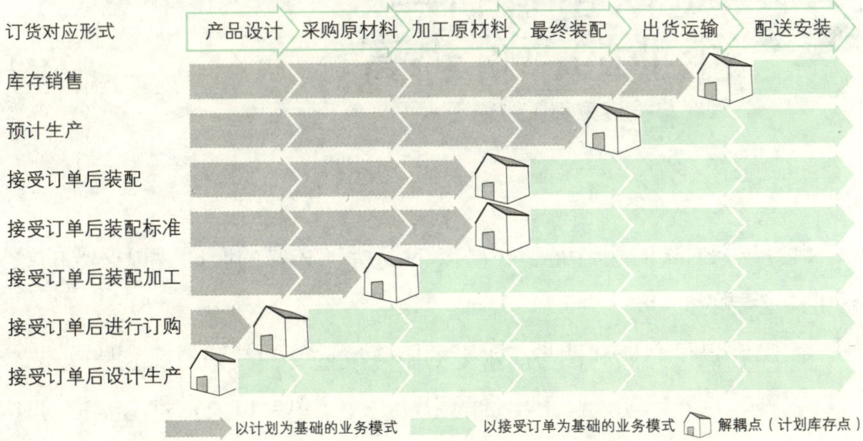
订货对应形式
产品设计
采购原材料
加工原材料
最终装配
出货运输
配送安装
库存销售
预计生产
接受订单后装配
接受订单后装配标准
接受订单后装配加工
接受订单后进行订购
接受订单后设计生产
以计划为基础的业务模式
以接受订单为基础的业务模式
解耦点（计划库存点）

解耦点（decoupling point）→ 业务的分离点 → 以计划为基础的业务模式与以接受订单为基础的业务模式的联结点，有计划地准备库存的点

✣ 解耦点（decoupling point）的概念

在理解 SCM 时，应先掌握解耦点的概念。简单地说，解耦点是指“在接受订单时库存所在地点”。也是确定出货的标准及规格的点。出货的标准及规格是指特定的顾客所希望收到的货品形式，也是作为请款基础的形式。

对普通的电脑厂商来说，接受订单后出货的产品库存仓库即是解耦点。根据需求预测进行预计生产，接受了流通・零售业的订单后出货。而戴尔的库存是 CPU、硬盘、液晶显示器等零部件，因此零部件库存是其解耦点。

像电脑这种使用周期短的产品如果长期以最终产品的形式存货的话商品过时的风险较高，卖不出去的可能性非常大。因此戴尔对订单采取了零部件库存的解耦点，相比以产品为库存的竞争厂商建立了优势地位。

1-6 SCM的评价高，企业的评价也高

顾客与投资家都关注管理水平

✣ 顾客对SCM的期待

顾客对SCM的期待是“在必要的场所、必要的时间、以必要的数量供应必要的产品”。

向顾客提供高便利性与高水平的服务很重要，其评判标准是遵守交货期、顾客订购后就能马上出货的指标——接单率以及订货至交货的时间指标——交货前置期（lead time）等。这些指标都需要达到高水准。

如果某家公司按期交货率高、遵守约定、接单率高、不缺货、交货前置期短、可以马上交货等，就可评价该公司为顾客提供了极高的便利性和高水准的服务。

只有SCM模式的设计与业务机制十分优秀的公司才能获得这一评价。

比如说，据供应产业机械的维修用零部件的相关调查结果显示，顾客的满意度与厂商按要求供应维修用零部件相关。不能按要求供货的公司获得的评价明显很低，调查报告中客户称“在下次更换机械时将不再把这种公司列为候选对象”。

同样，在不能按约定交货期供应产品的公司当中，有些公司接到停止交易的警告，还有一些公司由于不能回复交货期未能获得订单。

这些都是由于SCM的管理水平低、给顾客带来麻烦的公司得到较低评价的佐证。无法提供顾客要求的服务水平的公司会被顾客抛弃。相反，如果能够做到高水平的SCM，提高顾客的满意度，交易量就会不断增加。

⊙优秀的 SCM 是指⊙

对顾客来说

- 按期交货率高、遵守约定
- 接单率高、不缺货
- 交货前置期短、可以马上交货

⋮

↓

重要的是提供高便利性、高水准服务

对投资家来说

资产效率高

- 库存少
- 浪费的设备（生产设备、车辆等）少
- 浪费的设施（仓库等）少

⋮

成本效率高

- 制造成本低
- 运输费用低
- 废弃费用低
- 人事费用低
- 保管费用低

⋮

↓

重要的是持续盈利

✣ 投资家对 SCM 的期待

只局限于顾客视角的话，容易忽视效率的视角。对公司来说，库存与业务的成本是重要的视角。因为所花费的“人力、物力、财力”都是有限的。

对公司与投资家来说，重要的是可以通过较少库存、较低成本有效地运营供应链，且增加销售额、产生利润。因此，如何有效地构建 SCM 是重中之重。

此时的评判标准首先是库存金额，或是库存月数（库存金额 ÷ 销售额）、库存周转率（销售额 ÷ 库存金额）。库存金额会随销售额增加或是减少。销售额增加，应准备的库存数量也会增加；相反，销售额减少，应准备的库存数量也会减少。因此，相比只看库存金额，同时分析库存月数和库存周转率的方式更好。

17

SCM 改变公司①

减少库存、增加销售额

SCM 模式戏剧性地改变了公司收益性

同时实现削减库存与增加销售额的 SCM

这是一则关于精密仪器厂商 A 公司的事例。A 公司是一家为业务基础设施提供仪器的厂商，其市场占有率居首位，占据了该行业一半以上的市场。尽管在行业里是老大哥，但是近年来该公司仪器的销售行情却有些停滞不前，利润率也开始逐渐降低。

另一方面，消耗品市场销售额却保持着两位数的增长，利润率也处于较高水平。A 公司虽占据了最大的产品份额，但是过于集中在仪器方面，消耗品的市场占有率充其量只有 3 成。

仪器的产品库存也有增加趋势，包括经销公司库存在内的所有库存相当于 A 公司 4 个月的销售数量。由于仪器库存会压迫资金，于是该公司不得不控制消耗品的采购，因此在要求立即交货的消耗品市场与其他公司拉开了差距。于是，A 公司制定的目标是同时实现削减库存与增加销售额。

重新确认战略并重新审视 SCM 模式

A 公司再一次重新审视了经营战略。结果决定在具有优势的仪器业务中，进一步贴近顾客，发挥自己公司的优势，而在消耗品方面以仪器的优势为杠杆，建立立即交货的体制，采取提高市场份额的战略方针。

随着该方针的建立，A 公司马上重新审视了自己公司的 SCM 模式。首先，仪器分类为高级产品与中低级产品。由于根据顾客需求对规格进行改造的高级产品其安装日期也是确定好的，所以不以产品的形式存货，而是在工厂中以半成品状态接受订单，根据顾客需求调整好功能后即可出货。这样不仅可以大幅降低产品库存，而且可以提高顾客满意

⊙从战略层面重新审视 SCM⊙

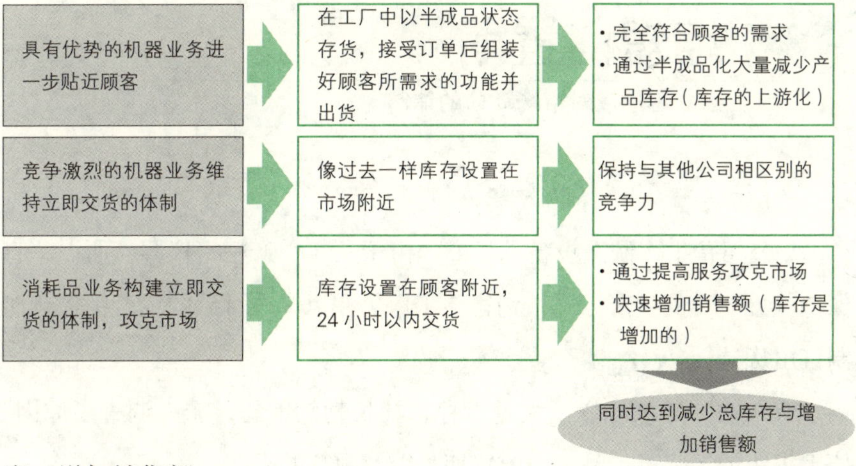
具有优势的机器业务进一步贴近顾客
在工厂中以半成品状态存货，接受订单后组装好顾客所需求的功能并出货
· 完全符合顾客的需求
· 通过半成品化大量减少产品库存（库存的上游化）
竞争激烈的机器业务维持立即交货的体制
像过去一样库存设置在市场附近
保持与其他公司相区别的竞争力
消耗品业务构建立即交货的体制，攻克市场
库存设置在顾客附近，24 小时以内交货
· 通过提高服务攻克市场
· 快速增加销售额（库存是增加的）
同时达到减少总库存与增加销售额

度，增加销售额。

中低级产品市场竞争十分激烈，而且要求能够立即交货，因此 A 公司决定在经销公司设置中心仓库，多放一些库存，努力压缩经销公司的库存。中心接到订货后，1 天左右就能到货，因此经销公司也能安心地减少库存。

另一方面，消耗品则需要增加库存。由于能够立即向顾客供货会成为消耗品的竞争力，因此可将库存地点设置于经销公司与顾客附近的贮藏所（小规模据点）中，在接受订单后最迟 24 小时以内即可出货。尽管增加了库存，但也因此得以大幅增加销售额，产生攻克市场的现实感。

✣ 变更 SCM 模式带来收益的急剧提高

A 公司的库存超过了其 4 个月的销售数量，但是该公司通过对产品进行细致分类、重新审视库存配置，结果将库存降低至两个半月的销售数量。

高级仪器与消耗品的销量增加为利润做出了显著贡献，极大地提高了 A 公司的收益性。由此，A 公司同时实现了削减库存与增加销售额。

18 SCM 改变公司②

缩短前置期

建立迅速应对市场动向的体制

前置期长会让公司陷入危机

B 公司是生产制造设备的厂商。由于长年生产精密仪器，所以一直保持着慢节奏的生产方式，销售与工厂仍在以 3 个月后的生产销售预测制订出货计划。

有一次，年末积压了大量库存，社长勃然大怒，派人调查了原因。原因很快就揭晓了，是生产前置期长以及预算的限制。

B 公司的生产前置期达到了 3 个月。

销售对 3 个月后的产品完成情况进行预计并给出生产指示，其前提是建立在预算基础上的 3 个月后的销售计划。而这些都是 3 个月之后的事情，并不清楚届时实际情况会怎么样。

再加上 B 公司必须实现预算的社内风气很强，因此不容许下调销售计划。而且 B 公司的产品大多集中在年末销售，所以越到年末，库存积累得越多。

如果在接近年末时发现销售额无法完成的阶段就停止生产的话，可能损失还没有那么大，但是工厂也在为了达到预算而持续生产，结果积压了庞大的库存。由于大量积压卖不出去的库存，导致 B 公司的资金周转持续恶化。

通过缩短前置期带来惊人变化

B 公司看到销售情况，深切感受到有必要建立起可以提早做出下调生产或增产指令的体制。目前问题的原因在于预算难以达成时，或是相

缩短前置期

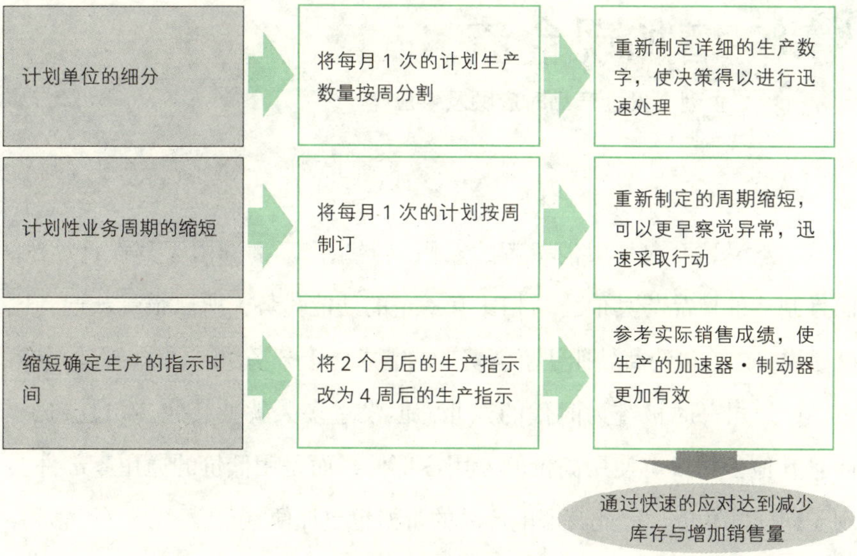
计划单位的细分
将每月 1 次的计划生产数量按周分割
重新制定详细的生产数字，使决策得以进行迅速处理
计划性业务周期的缩短
将每月 1 次的计划按周制订
重新制定的周期缩短，可以更早察觉异常，迅速采取行动
缩短确定生产的指示时间
将 2 个月后的生产指示改为 4 周后的生产指示
参考实际销售成绩，使生产的加速器・制动器更加有效
通过快速的应对达到减少库存与增加销售量

反，产品卖得很好时，工厂都难以应对。以 3 个月后的销售计划为基准生产产品的话，应对显然太慢。于是 B 公司想要通过缩短前置期、用更短的时间来生产产品，以便反映出最近的销售动向。

首先，B 公司不再以月为单位进行生产指示。因为以月为单位的话，难以在中途变更。首先变成以周为单位来进行生产指示。虽然工厂有点吃力，不过这样可以做到更快地上调或是下调生产数量。

能够以周为单位进行生产指示的话，接下来就是每周的计划制订了。生产的方式也以较小的单位进行，尽量以 1 台为单位进行制造。像这样开展大幅度的生产革新活动，为了有效地应对 5 周后的销售，进行 4 周后的生产指示。这样一来，生产前置期缩短至过去的 1/3。

这一举措取得了惊人的效果。B 公司的库存控制到了过去的一半以下，由于可以及时供给产品，销售量也得到了增加。资金周转也恢复正常，提高了适应市场的能力。这正是通过 SCM 改革缩短了前置期的威力。

19 SCM改变公司③

增加现金流

企划·设计产品时应顾及供应链

✣ 多年的陋习引发的危机

C公司是面向一般消费者的家用电器生产厂商。由于其设计简约，而且制造的产品与其他公司相比有一定的功能优势，所以很受欢迎。也就是说，C公司的商品抓住了消费者的需求，十分畅销。

C公司一时被誉为时代的宠儿，但没过多久就被其他公司赶超了。而且其他公司没有使用高价的专用零部件，而是用低价的通用零部件实现了同样的功能。因此其家电产品的价格也更加便宜。

然而C公司过去拥有因技术革新型产品而获得成功的经验，因此还是执着地使用专用零部件。市场竞争十分激烈，新的产品层出不穷，购买专用零部件、需要花费较长时间生产的C公司逐渐被市场淘汰了。

C公司遗留了大量卖不出去的产品与没处使用的专用零部件。供应商也要求其购买多余的已生产部件，于是C公司的资金周转急速恶化，甚至需要接受金融机构的支援了。

✣ 改变设计方案、改变采购模式、改变生产方式

C公司首先讨论了如何产生现金流的方法。公司建立了SCM项目，并且马不停蹄地采取了改变设计方案、改变采购模式、改变生产方式的措施。

将设计改革作为SCM的措施或许给人的感觉有些奇怪，但这是理所当然的。因为从产品企划、设计阶段开始就决定了产品需使用什么零部件、如何生产，所以设计承担了重要的责任。

⊙设计方案、采购模式、生产方式的变革⊙

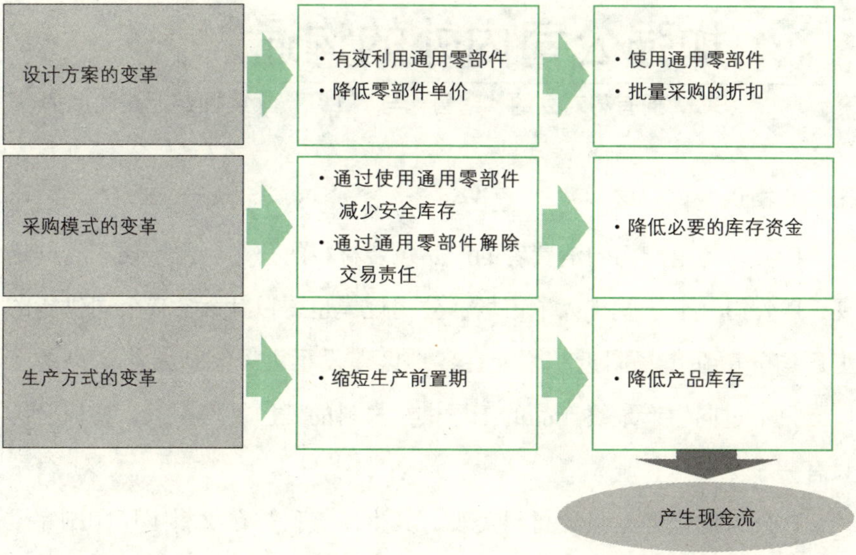
设计方案的变革
·有效利用通用零部件
·降低零部件单价
·使用通用零部件
·批量采购的折扣
采购模式的变革
·通过使用通用零部件减少安全库存
·通过通用零部件解除交易责任
·降低必要的库存资金
生产方式的变革
·缩短生产前置期
·降低产品库存
产生现金流

在设计方案中C公司讨论了有效利用通用零部件与零部件的通用化的问题。将通用零部件设计成可以实现与专用零部件一样的功能，这样可以降低零部件单价，而且通过增加可以用于任何机种的通用零部件使用量，在采购零部件时还可以获得批量采购的折扣。这样就能大幅度地削减成本。

在采购模式的改革当中改变了采购零部件的方法。首先，由于增加了通用零部件，可以减少零部件的安全库存，即降低零部件库存。

而且由于通用零部件需求量增加，就不再需要最后才购买零部件，这样还能缩短采购的前置期，从这一意义上来说也可以减少零部件库存。这样就能产生大量的现金。

此外还改变了生产方式。通过缩短生产前置期、制订4周后的计划，产品积压的情况也改善了许多。

1 10 SCM 改变公司④

加强公司内外的沟通

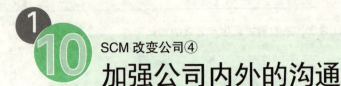

SCM 拥有将对立的“销售”与“工厂”紧密团结起来的威力

“销售”与“工厂”在逐渐沉没的船上对峙

D 公司是生产面向消费者的产品包装材料的公司。由于便利店的出现，D 公司一下子就扩大了市场，公司规模也得以壮大。D 公司供货的工厂均分散在市场附近，因此在各地区建设了可以制造最终产品的工厂。只不过向生产最终产品的工厂供给材料的工厂规模很大，所以全国只有一家。

D 公司的优势是包装材料美观。其生产流程是在材料工厂印刷完成之后，在最终产品工厂加工成可出售的形式并出货。因此，尽管其生产前置期长，但产品美观，所以占据了优势。

此外，D 公司顺应时代潮流，将办公的电脑基础系统更换为当时流行的著名的系统包。然而刚建好的系统很难使用。由于需要花费较长时间输入，销售人员便不再输入销售计划、订单、生产指示了。员工通过邮件或是传真下达生产指示，负责人之间经常私下进行调整，业务变得暗箱化。工厂之间也用电话、邮件、传真来进行沟通。因此何时能够准备好材料很不明确。

而现如今便利店等市场发生了改变，比起美观的产品，市场对快速交货的需求更强。但是，D 公司无法回复客户企业所询问的交货期。通过电话、邮件、传真等进行传水桶式的沟通无法搞清楚实际情况，在其磨磨蹭蹭的时候它输给了竞争对手。可是销售与工厂仍在相互指责，一直处于不和的状态。

⊙供应链的“可视化”⊙

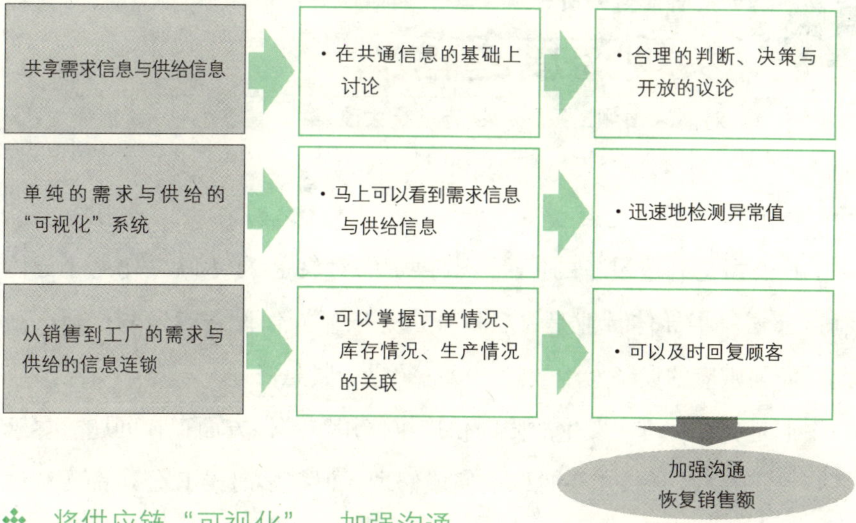
共享需求信息与供给信息
·在共通信息的基础上讨论
·合理的判断、决策与开放的议论
单纯的需求与供给的“可视化”系统
·马上可以看到需求信息与供给信息
·迅速地检测异常值
从销售到工厂的需求与供给的信息连锁
·可以掌握订单情况、库存情况、生产情况的关联
·可以及时回复顾客
加强沟通
恢复销售额

❖ 将供应链“可视化”、加强沟通

D公司完全搞不清需求与供给这两大推动供应链的信息。因为谁都不清楚实际情况，因此每次调整的结果都是采用声势更大的负责人的意见。公司的顾客战略、产品战略等在这一过程当中烟消云散，接二连三地处理紧急问题导致成本提高、库存积压、负责人疲惫等情况。

但是，销售与工厂再怎么互相责怪也无济于事。因此D公司决定重新构建SCM。

首先，D公司建立了可以看到单纯的需求与供给关系的“可视化”系统。系统转送库存信息，此时销售输入销售计划、订单、生产指示数量，工厂看到之后输入生产计划。

这样就能在共同的基础上看到需求信息与供给信息了。D公司完成了需求与供给的信息连锁，将D公司的销售到工厂、销售到材料关联为公司的一根脊柱。

销售与工厂的沟通质量得到了极大提高，D公司可以快速回复交货期，同时又开始获得了大量订单。

1 11 SCM 改变公司⑤

实现速度经营

对需求预测、采购、物流进行大改革

✣ 速度、速度、速度

E 公司是制造设备的厂商。其供货的对象是 24 小时工作的半导体制造公司。半导体行业是设备产业，是依靠操作设备赚钱的行业。因此，如果供应的设备发生故障，就必须进行紧急修理。

但是，E 公司在发生故障时供应维修用零部件方面存在问题。尽管客户要求在故障后 24 小时以内完成修理，但很多时候 E 公司都无法做到，顾客的投诉堆积如山。甚至他们最大的顾客向其发出了最后通碟，称“如果再这么继续下去的话，就停止交易了”。

E 公司不能顺利供应维修用零部件有 3 个原因。第一是零部件库存的种类问题。由于是否应该在库存中存放某种零部件主要是通过负责人的感觉与经验来判断，所以很多时候会发生意料之外的情况。第二是不能遵守供应链的出货期，导致出货延迟。第三是物流的问题。物流子公司忽视紧急情况，尽管已经下达出货指示，但仍需要花费几天时间才能到货。

✣ “为了客户可以 24 小时修理，我们要及时送到维修用零部件！”

如果不提高维修用零部件的 SCM 速度的话，E 公司将无法生存。为了解决上述 3 大问题，E 公司开始了 SCM 改革。

E 公司首先提出了“为了客户可以 24 小时修理，我们要及时送到维修用零部件”的口号，其内容富有冲击力。

E 公司为了预测需求引进了电脑系统。这样库存与订货量的计算也

⊙提高维修用零部件的供给速度⊙

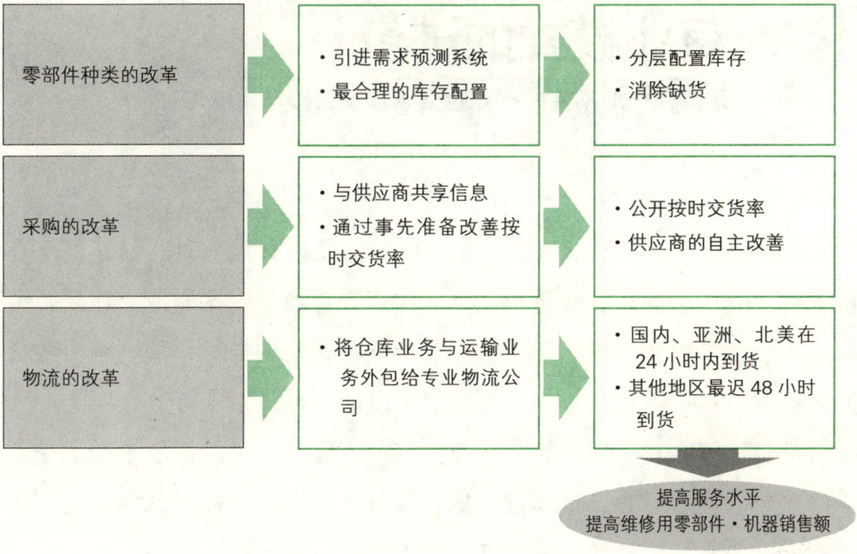
零部件种类的改革
· 引进需求预测系统
· 最合理的库存配置
· 分层配置库存
· 消除缺货
采购的改革
· 与供应商共享信息
· 通过事先准备改善按时交货率
· 公开按时交货率
· 供应商的自主改善
物流的改革
· 将仓库业务与运输业务外包给专业物流公司
· 国内、亚洲、北美在24小时内到货
· 其他地区最迟48小时到货
提高服务水平
提高维修用零部件・机器销售额

实现自动化了。通过统计型计算，将库存保持在合理且尽量不增加的范围内。同时改变库存的配置方针，在顾客附近配备经常出货的产品，而不经常使用的产品则集中配备于维修用零部件中心仓库，使得总体库存不会增加。

此外还进行了采购的改革。从长期预测转变为向供应商公开采购数据的计划。这样使得供应商可以事先进行准备。此外供应商也公开能否遵守交货期的信息，以便进行自主改善。

最大的改革是物流。以前都是委托给子公司，现在则将仓库业务与运输业务外包给了专业物流公司。其结果使得在国内任何地方都能在24小时以内到货，亚洲与北美地区也能做到24小时以内到货。

通过这些改革，E公司的供给速度得到极大的提高。绝对不会耽误顾客的生产。于是E公司不仅没有被取消交易，反而得到了表扬。

1 12

SCM 改变公司⑥

商业模式的进步

即使在一成不变的行业也要增加销售额与减少库存

✣ 一成不变的 SCM 让整个行业陷入困境

F 公司是生产西装的服装厂商。西装需要花费很长时间制作，需提前一年半开始选择布料并进行设计，决定销售数量。比如说，在开始销售今年的秋冬服装之前，即要选择明年秋冬服装的布料，预测销售数量并且订购布料。即在一年半前就决定了设计、布料型号与生产数量。

从订购了布料、刚开始卖春夏服装的时候开始，就需要生产下季的秋冬服装，生产一直持续至商品即将陈列于店铺中之前，总共花费一年半时间，简直就像储蓄一样。其生产周期比农业还要长。

秋冬服装的储备正好在春夏服装打折期结束。在一年半前的生产指示下生产的春夏服装要是还没卖出去的话，只能在仓库里放到明年，或是通过活动低价出售。打折期一结束就马上开始卖秋冬服装，这些秋冬服装也会在第二年 2 月左右打折，再转而销售春夏服装。

其他产业在销售开始后可以根据市场动向灵活地处理，努力做到不会因为缺货而没卖出去商品，以及避免库存积压。但是西装行业的做法是依然保持现状，抱着堆积如山的库存无计可施。F 公司也是这其中的一家。

✣ SCM 打破了数十年的行业习惯

在整个行业逐渐萧条的现状当中，F 公司原本还没有感觉到紧张，但是换了社长之后，公司开始了 SCM 改革。其目标是扩大销售额与削减库存。如果不能同时实现这两大课题，就会面临关门大吉的危机。

商业模式的变革

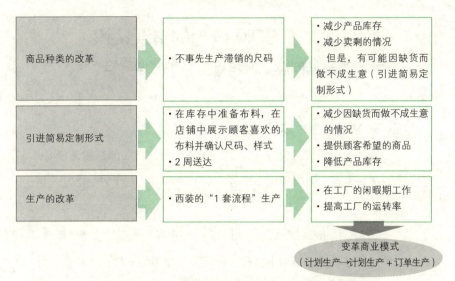

商品种类的改革	·不事先生产滞销的尺码	·减少产品库存 ·减少卖剩的情况 但是，有可能因缺货而做不成生意（引进简易定制形式）
引进简易定制形式	·在库存中准备布料，在店铺中展示顾客喜欢的布料并确认尺码、样式 ·2周送达	·减少因缺货而做不成生意的情况 ·提供顾客希望的商品 ·降低产品库存
生产的改革	·西装的“1套流程”生产	·在工厂的闲暇期工作 ·提高工厂的运转率

变革商业模式
（计划生产→计划生产+订单生产）

F公司提出的改革方针是大幅度地改变以前的商业模式。

首先，不将所有布料都制成西装，不制作平时销量较少的特体西装，而留下布料。采取简易定制形式，在店铺里为顾客测量尺寸，在短时间内制作适合顾客体型的西装后送货。

不过，顾客内心肯定是想早些穿上新西装的。如果生产前置期太长的话，顾客就不会购买了。根据调查的结果，一般来说修改尺寸需要等待1～2周的时间。从生产能力方面来看，销售的繁忙期正好是工厂的闲暇期，因此定制后两周时间就能送达。即可以进行单套制作西装的“1套流程”生产。

在店铺测量尺寸后，两周时间西装即可送达，而且是用顾客喜欢的布料制作的合体的西装，因此顾客也十分满意。这项措施让F公司不会因为缺货而做不成生意，销售额也有所增加。这是从储备·成衣模式向简易定制模式跨出的重大转变。当然，店铺还是像过去一样销售商品，由于店铺只需要准备畅销的尺码，所以还能减少库存。

column

纠正关于 SCM 概念的错误认识

——不全盘照搬、而是自己思考的必要性——

◆◆从 SCM 的美梦中苏醒、追求现实中的答案

对 SCM，人们曾经有几大幻想。SCM 中心、自动调整最适条件、拉动型市场追踪、短周期化，等等。对于这些课题，现如今已没人当真了。

SCM 中心是指在一个统一的组织中控制世界上所有供应链的概念。梦想虽然美好，但是正如本书后文中将一一介绍的一样，SCM 是一种管理模式，至少在管理形式不明确的前提下，这一概念是不可能实现的。而且应该明确地制定公司总部与现场应该进行决策的内容。这样 SCM 中心的想法也会变得更加现实一些。

自动调整最适条件也是一部分技术人员的幻想。暂且不论主要业务即计算补货数量的维修部件类产品，一般来说，各个组织都有自己的想法，人们逐渐清楚地认识到，自动调整是基本不可能做得到的。

此外，人们还逐渐认识到拉动型市场追踪与短周期化并非对所有问题来说都是正确的解决方法。无视商业模式，就将拉动型、短周期化套用至所有的业务当中是与逻辑性地判断现实背道而驰的做法。

第2章

物流是产生竞争力的基础设施

1. 分层库存配置方针的必要性
2. 分层配置方针的细化
3. 以推式配备、以拉式补充
4. 提高配送速度的对策
5. 没有必要将所有商品都提高配送频率
6. 通过截止时间实现差异化
7. 选择最合适的运输形式
8. 不必拘泥于自己公司的物流
9. 努力做到成本与服务兼顾

2-1 分层库存配置方针的必要性

拥有减少库存、提高顾客满意度的库存据点的方法

✣ SCM 基础中的基础、库存的现货管理

SCM 的前提条件是现货管理，简单来说就是：现在库存有多少，是否都陈放在合理的场所，记录在系统中的数量与现货数量是否一致。如果不能有效地实施库存管理的 5S（整理、整顿、清洁、清扫、教育）的话，SCM 的基础就根本无法成立。因此，首先应该优先实行库存的现货管理。

✣ 过渡至库存管理

只要实现了完备的现货管理，就可以进行“库存管理”了。首先，应考虑如何设置库存据点。举一个不太常见的例子，有些公司认为仓库只是放东西的地方，因此仅仅笼统地讨论仓库是应该设置在工厂旁边，还是顾客附近，或是仓库街区等地点。这样的话，库存管理就变成了单纯地选择保管场所了。

此时最简单的方法是合并仓库。但是减少仓库的话库存也会减少，较为常见的就是缺货和交货延期频繁发生、顾客接二连三地投诉等事例。

在此忽略的是顾客满意（CS：Customer Satisfaction）的视角。给顾客带来不便的措施不是好措施，库存管理需要具有提高 CS 的视角。

✣ 为了减少库存、提高 CS，重要的是分层配置

SCM 的目标是“在必要的场所、必要的时间、以必要的数量供应必要的产品”，其最终目标为以最合适的库存量将销售额与利润最大化。说到底，有时增加库存也应该视为正确的决策。因为过多精简库存的话，偶尔也会给顾客带来不便。

⊙将库存分层配置至据点⊙

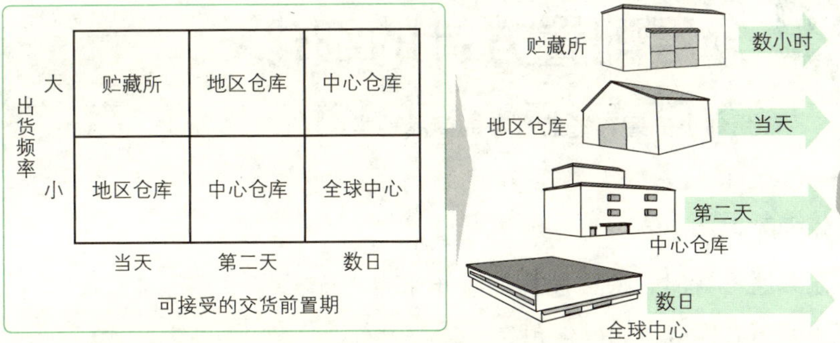
出货频率
大
小
贮藏所
地区仓库
中心仓库
地区仓库
中心仓库
全球中心
当天
第二天
数日
可接受的交货前置期
贮藏所
数小时
地区仓库
当天
第二天
中心仓库
顾客
数日
全球中心

⊙ SCM 中库存管理的视角⊙

	措施	管理的指标
库存的现货管理	・出入库管理・保管场所管理・5S・卸货	・库存精确度・作业效率 ・发货前置期
库存场所的管理	・讨论保管场所・仓库分配、讨论仓库地点 ・减少仓库	・库存金额・保管费
库存与 CS 的平衡管理	・分层配置・定义仓库的功能・定义运输方法 ・定义服务水平・定义库存水平	・库存金额・库存命中率 ・交货前置期

但是，准备出全部库存有可能会造成庞大的库存数量。因此我们需要考虑为顾客提供的服务，分析商品与库存据点的特点，再根据其特点进行分类（分层配置），在此基础上考虑库存据点方针与配置方针。

存放需要马上送达顾客的商品的据点（有时也叫“贮藏所”）应设置在顾客附近。平时卖得很少、只需紧急应对即可的商品应存放在工厂附近，或是集中存放于全国统一据点——中心仓库。这两种据点中间还有一种据点叫做地区仓库，存放花费少许时间即可送达的商品。

像这样，将库存据点划分为几大层次，并定义好商品配送前置期与库存命中率的话，接着就需要挑选出适合每种服务的商品（分层配置），决定库存配置方针，即应该在哪一据点配备哪些商品。通过这一方法，可以制定在不增加整体库存的基础上，同时实现 CS 的库存管理方针。这是今后 SCM 的基础。

2-2 分层配置方针的细化

用最小的库存覆盖最多的商品种类

❖ 分层配置的重点

在分层配置时，应以怎样的视角来思考呢？前一节提到了 CS 的视角，此外还有许多不同的视角。

下页图中所列举的“分层配置的代表性视角”可谓是如何对库存进行分类（分层）配置的检查项目。比如说，如果出货频率高的话，应该在离顾客较近（供应链下游）的地点配置库存，相反，如果出货频率低的话，就算将商品存放在顾客附近也只会积压库存，因此应将商品集中配置在工厂附近的中心仓库（供应链上游）等，在讨论分层配置时可以有效利用这些信息。

最终应将判断重点集中至 2 ~ 3 个。比如说，一般重点可以聚焦在出货频率和交货容许前置期这两方面。就算想要顾及很多方面，人员管理、可辨别的对象也并不多。

❖ 分层配置可以用最小的库存覆盖最多的商品种类

分层配置可以用最小的库存覆盖最多的商品种类。首先，在供应链下游配备出货频率高、顾客的交货容许前置期短的商品等。也就是说，在下游配置可以获得大量商业机会的商品种类。在顾客附近配置商品有可能使库存据点增加，这会导致整体库存增加。但是这种方式可以马上交货，库存充裕的安心感会提高顾客满意度。

不过，仅仅做到这一步的话还只是单纯地增加库存，因此接着需要将出货频率低、顾客的交货容许前置期长的商品等配置在供应链上

⊙通过分层配置覆盖最多的商品种类⊙

<分层配置的代表性视角>

- 出货频率（用于分类）
- 交货期<采购前置期> ・价格
- 重要性等级（如果缺货会使顾客为难）
- 维修合同・产品年龄
- 产品范畴・出货量（流量） ・收益性
- 大小、重量、运输成本、保管成本
- 新鲜度（使用期限）・零部件的重新检查
- 交货容许前置期（用于分类）

出货频率（流速）			
大	贮藏所	地区仓库	中心仓库
小	地区仓库	中心仓库	全球中心

交货容许前置期（LT）

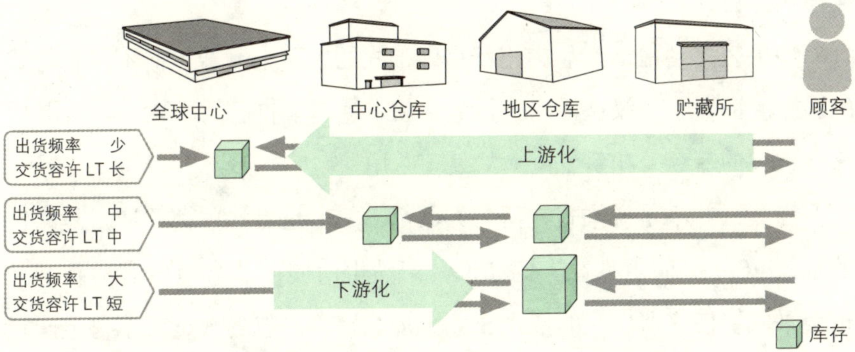
全球中心
中心仓库
地区仓库
贮藏所
顾客
出货频率 少
交货容许 LT 长
上游化
出货频率 中
交货容许 LT 中
出货频率 大
交货容许 LT 短
下游化
库存

游。通过商品配置上游化，可以集中、降低库存。另一方面，极少出货的商品也必然存放在中心仓库等上游，因此可以避免缺货、给顾客造成不便。

分层配置是第1章第7节的A公司、第12节的F公司所采取的措施，两家公司都用最小的库存实现了最多的商品种类。

2-3 以推式配备、以拉式补充

认为 SCM 就应该采用拉式的想法过于简单

✣ 推式、拉式的意义

SCM 中有两个概念叫做推式（Push）、拉式（Pull）。推式是指通过推动的形式实施业务，即不顾需求的情况，强行生产或是出货。过去“只要制造出来就能卖得出去”的时代正是这种推式商业模式。这种工作方法不以满足顾客的需求为前提，而是先生产、采购再推销。

而拉式是指基于顾客的需求生产或是出货。SCM“在必要的场所、必要的时间、以必要的数量供应必要的产品”的思路正是以这种拉式商业模式为目标。

如果公司到最终产品为止都是以推式的思路来制造，而不具备拉式的思路的话，我建议这样的公司应重新审视一下自己的 SCM。估计其应该在积压的库存上花费了巨大的处理费用。

当然，并不是说推式在所有方面都不好。也有一些公司通过战略性的推式 SCM 保证了收益。比如说，产品生命周期非常短的高科技产品也会采取“售完即止”的推式 SCM，即只销售制造的数量就不再生产。

✣ 推式、拉式的分界点：再次回到解耦点

SCM 中推荐采取拉式的商业模式。通过灵活应对需求动向，不仅可以避免因为缺货而丢单的情况，而且可以避免库存积压。我们自然应该从该思路出发考虑。但是，从采购原材料开始到最终产品为止完全构建拉式 SCM 是十分困难的。这是因为制造与运输需要花费时间，所以有

⊙通过有效利用拉式信息持有库存⊙

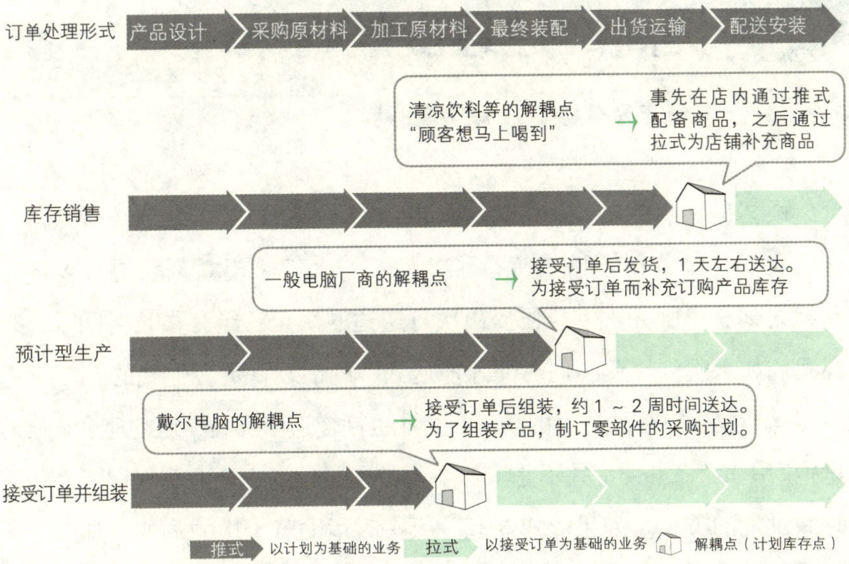
订单处理形式
产品设计
采购原材料
加工原材料
最终装配
出货运输
配送安装
清凉饮料等的解耦点
“顾客想马上喝到”
事先在店内通过推式配备商品，之后通过拉式为店铺补充商品
库存销售
一般电脑厂商的解耦点
接受订单后发货，1 天左右送达。为接受订单而补充订购产品库存
预计型生产
戴尔电脑的解耦点
接受订单后组装，约 1 ～ 2 周时间送达。为了组装产品，制订零部件的采购计划。
接受订单并组装
推式 以计划为基础的业务
拉式 以接受订单为基础的业务
解耦点（计划库存点）

可能所需时间比顾客要求的交货期要长。

如果为了满足顾客对清凉饮料的需求，需要从原材料开始制造的话会怎样呢？将果实榨汁、精炼砂糖、用高炉制造罐头用铁的话，就会与顾客“想要马上饮用”的需求发生冲突。虽说这是一个极端的例子，但现实中合理的形式是通过推式 SCM 将商品分配至某一库存据点，之后根据拉式需求出货、销售。

不过，推式并不意味着没有计划地生产或是采购。

供应链需要在供需计划的基础上生产，将商品分配至库存据点，之后根据顾客的实际需求开展拉式业务。该配置据点就是解耦点。以计划为主导的“准备工作”在解耦点之前，根据顾客的实际需求开展拉式业务即是 SCM，其设计是否优秀决定了 SCM 的成败。

2-4 提高配送速度的对策

如何充分提高 CS（顾客满意度）

✣ 顾客是性急的

我们已经变得不擅长等待了。如今的人们希望立刻获得想要的东西，立刻获得服务。宅急便提出次日送达的卖点已经有很长时间了，现在我们如果听到“要一周时间才能送到”的话，肯定会生气的。

这不仅仅只是消费者的动向。企业也同样追求提高配送的速度。准时化生产（Just in time）并不是丰田专有的概念，许多企业都采取了在指定时间供货的方式。如果能建立起一天按时运输若干次的形式，那么每天在某一时间段出货并且送达就会成为常态了。而杂乱无章的物流管理无法满足这一希望，而且只要客户附近没有仓库，就难以迅速地按时交货。

此外，就算没有以小时为单位供货等的计划性供货指示，也会经常碰到客户要求短时间内配送的情况。第 1 章第 7 节 A 公司的例子就反映了消费者对 24 小时以内送达消耗品的需求。第 1 章第 11 节的 E 公司的例子则是在 24 小时以内可以向国内任何地方交货，就连亚洲与北美等地都能在 24 小时以内交货的事例。实现顾客所要求的配送速度显著地提高了企业竞争力。

想要尽量减少库存是所有产业的共通目标。但是，由于有时会出现紧急需求的情况，所以采购时要求在短时间内配送。对实际出货方来说，由于必须采用短时间配送的物流体制，在顾客附近设立仓库，并且将处理紧急情况的库存存放在某处，因此导致负担加重也是无法避免的现实。

✣ 如何实现速度的提高

提高配送速度有许多方法，可以参考以下步骤。

⊙获得竞争优势的捷径、实现速度提高的步骤⊙

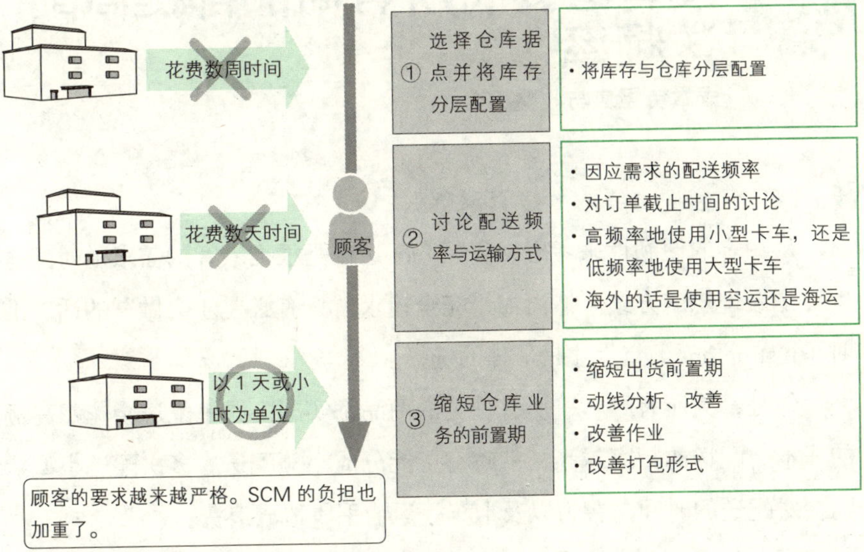

花费数周时间
花费数天时间
以1天或小时为单位
顾客
① 选择仓库据点并将库存分层配置
· 将库存与仓库分层配置
② 讨论配送频率与运输方式
· 因应需求的配送频率
· 对订单截止时间的讨论
· 高频率地使用小型卡车，还是低频率地使用大型卡车
· 海外的话是使用空运还是海运
③ 缩短仓库业务的前置期
· 缩短出货前置期
· 动线分析、改善
· 改善作业
· 改善打包形式
顾客的要求越来越严格。SCM 的负担也加重了。

①选择仓库据点并将库存分层配置

关键是交货前置期要符合顾客的要求。根据交货时间不同（是在24小时以内还是4小时以内），存放商品的仓库地点也会发生变化。因此，将商品按层次分类，将经常出货的商品存放在顾客附近，其他的集中存放于中心仓库等，以此保证服务水平与库存数量的平衡。

②讨论配送频率与运输方式

确定了仓库据点之后，就需要决定配送频率。就算仓库再近，如果配送频率是1天1次的话，也无法以小时为单位交货。我们需要根据顾客所要求的服务水平来考虑配送频率。

③缩短仓库业务的前置期

而就算确定了仓库据点与配送形式，如果仓库中的作业过于缓慢的话就没有任何意义了。因此要通过改善作业等使仓库业务更加迅速。

2-5 没有必要将所有商品都提高配送频率

成本负担应与收益相当

避免只会提高成本的高频率化

从顾客的便利性来考虑，高频率配送或是根据顾客的需求随时配送也许是最理想的方式。然而如果完全追求“只有必要才会做”的话，准时（Just in time）交货才是最佳的选择。

但是，为所有顾客、所有种类的商品都实施高频率配送会花费高额的成本。配送的频率越高，就越有可能分成小额配送。多次配送小型货物会对配送的时间与劳力以及卡车等运输手段造成浪费。

配送的时间与劳力是指给每次配送出具票据、从仓库中挑选货物、装箱、装载在卡车上等作业所花费的时间与劳力。无论货物大小，每次都需要消耗这一时间与劳力，因此增加配送次数就会增加作业次数。一般来说，仓库的作业是由配送件数、挑拣次数等作业的次数决定的，所以频率过高的话就会增加成本。

运输手段的浪费可通过装载效率来计量。比如说，卡车装满货物的话，装载效率可谓非常高。而如果只装了一半货物的话，装载效率就只有 50%，这样配送就相当于有一半运输的是空气，这就是浪费了。我们想要尽可能在接近装满货物的状态下运输，但如果提高运货频率的话，就有可能造成每次配送的货物减少，装载效率降低，从而导致成本上升。我们需要尽可能地避免单纯只会提高成本的高频率化。

保持成本与收益性的平衡

如果将 1 次配送增加为 2 次的话，只会单纯将成本提高至 2 倍。就

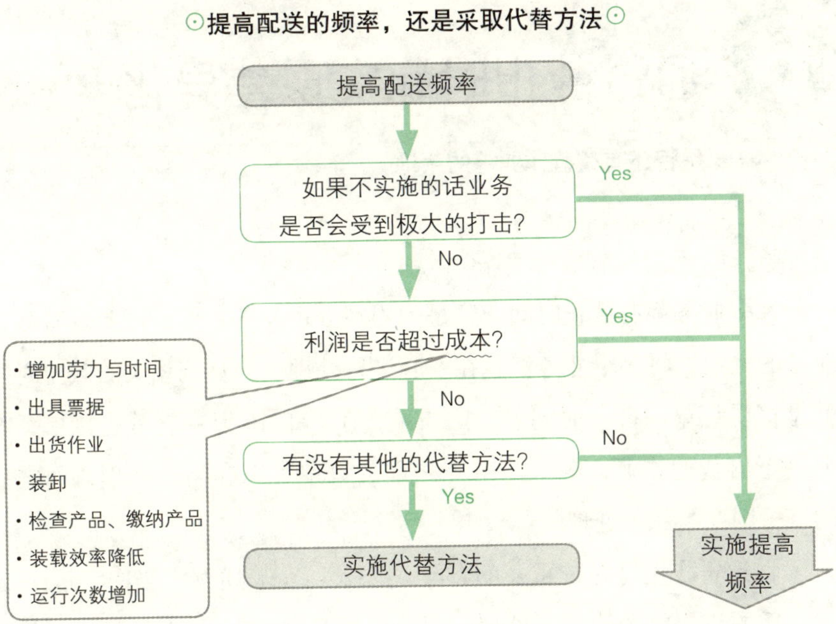
⊙提高配送的频率，还是采取代替方法⊙
提高配送频率
如果不实施的话业务
是否会受到极大的打击?
Yes
No
利润是否超过成本?
Yes
No
有没有其他的代替方法?
No
Yes
实施代替方法
实施提高
频率
·增加劳力与时间
·出具票据
·出货作业
·装卸
·检查产品、缴纳产品
·装载效率降低
·运行次数增加

算采用只能装载一半货物的小型卡车，也与 1 次配送花费的成本不可同日而语。一般都在其 1 倍以上，也就是说会增加成本。

从另一方面来看，如果增加成本可以提高相应的收益，使收益比合计 1 次配送要高时，则提高配送频率就没有问题了。

当然，有时企业会因为担心对方中止交易而不得不提高配送频率，不过付出的成本必须要获得收益才行，所以必须认真讨论其平衡性。

过去某家公司曾研究过是否应提高向全国各店配送的频率。当时是 1 天配送 1 次，该公司讨论提高配送频率，从而提高店铺的服务水平。一开始公司考虑提高全国所有店铺的配送频率，但是后来得知提高向地方店铺配送的频率在收益上并不划算。因此当时考虑到与收益之间的平衡，决定不提高向地方店铺配送的频率。不过，其还是采取了在缺货时由中心直接运送等对策。

2-6 通过截止时间实现差异化

是否还有改善作业等的余地

✣ 截止时间影响顾客满意度

许多业务都有截止时间。这是因为在处理业务之际，需要暂时截止业务的输入，将多个业务汇总在一起进行处理。与物流相关的截止时间就是接受订单的截止时间了。比如说，在下午 16 点左右截止接单，晚上进行出货的作业，等等。16 点之前的订单可以在当天处理，而之后的订单则在第二天处理。

业务的截止时间是重要的差异化因素。在上述例子当中，过了 16 点以后的订单将在第二天处理，因此对顾客来说有没有超过 16 点就成为了一大问题。过了 16 点的话出货将会晚 1 天，所以顾客会承担库存不足的风险，有可能会因为缺货而没做成生意。

顾客的业务一般是到 17 点为止，而且经常会出现加班的情况。因此如果仓库接受订单的截止时间是 16 点的话，有时顾客会忙得没有时间订货。而且有可能 16 点以后卖出去很多商品，于是顾客紧急大量订货。

这样的话，将截止时间设定在 16 点对顾客来说会成为其不满的原因。这是因为设定截止时间时没有考虑到顾客的情况，而只考虑到自己公司的方便。**如果能够延长接受订单的截止时间，就可以提高顾客满意度。**

✣ 截止时间是竞争力的源泉

为了尽量满足顾客的要求，可将根据自己公司情况而设定的截止时间进行变更，这与提高服务水平、提高竞争力直接相关。在国内，截止

⊙站在“顾客满意”的视角上设置“截止”时间⊙

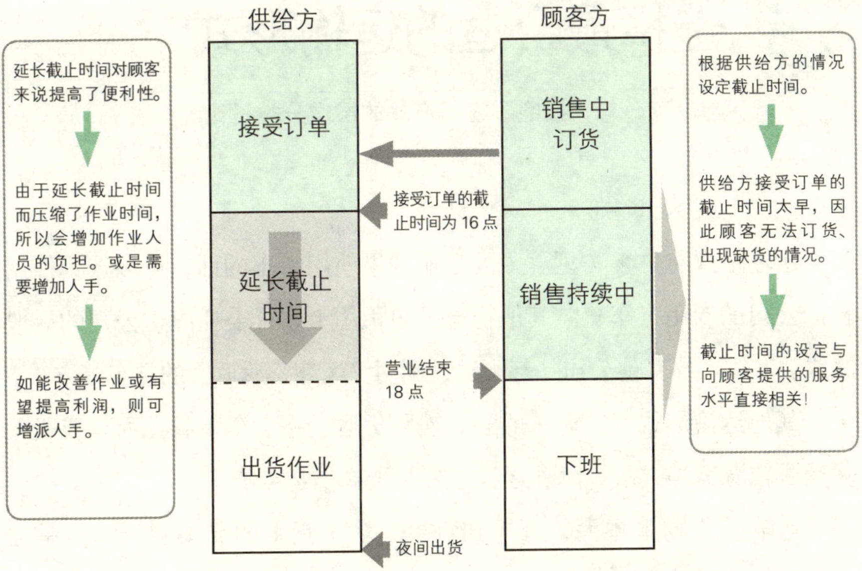
供给方
顾客方
延长截止时间对顾客来说提高了便利性。
由于延长截止时间而压缩了作业时间，所以会增加作业人员的负担。或是需要增加人手。
如能改善作业或有望提高利润，则可增派人手。
接受订单
延长截止时间
出货作业
销售中订货
销售持续中
下班
接受订单的截止时间为16点
营业结束18点
夜间出货
根据供给方的情况设定截止时间。
供给方接受订单的截止时间太早，因此顾客无法订货、出现缺货的情况。
截止时间的设定与向顾客提供的服务水平直接相关！

时间越晚则表示企业提供的服务越好。向海外供货尽管不能改变海关的截止时间，但如果可以缩短运送至海关的时间的话，也可以在一定程度上延长截止时间。

不过，仅仅延长截止时间会增加业务负担，反而会造成加班与增加人手，带来成本的增加。在延长截止时间时，需要确定增加的销售额高于成本时才可予以实施。否则应采取不会增加成本的方法。

我们应尽可能通过改善作业等方法提高效率，进行处理。

在改善作业方面，接受订单、备货、出货指示等书面工作可以通过系统自动化等方式缩短时间。物理性工作则可以在仓库内部的配置方面下功夫，如通过缩短动线、精简拣货作业并缩短时间、使用系统自动生成票据等方面来进行改善。这样就能避免增加成本，通过延长截止时间来加强竞争力。

2-7 选择最合适的运输形式

与库存一样，按照顾客与产品的层次分类讨论

速度与成本的二选一

运输形式有许多类型。国内运输如果使用卡车的话，可以选择使用自己公司的专用卡车、向其他物流公司租用卡车、委托配送公司的一般路线、专线、与其他公司一起配送、利用已经卸货后返回的空车等方法。

其他运输形式有空运、船运、铁路货运、将卡车装载在列车或船上陆运后转海运等方法。海外运输主要是选择空运或海运。

运输的货物量越大，分摊到每台运输工具上的成本越低。但是在送达最终顾客前需要在某一地点重新装载，所以会降低送达的速度。此外，如果1次运输大量货物的话，运输的周期也会变长，达到每周1次、每月1次，周期过长会造成速度降低。如果太在意节省成本的话，就会导致失去速度优势。

速度与成本的矛盾是永远的课题，如果仅由物流部门来讨论这一课题的话就会削弱SCM的观点。我们需要像考虑库存一样考虑顾客服务，将待处理的产品按层次分类进行讨论。

从商业模式思考速度与成本的平衡

选择运输形式时，可以从速度与成本以外的“业务”相关方面进行考虑。然后从速度与成本方面来评价其结果。

如何将产品送达顾客，不能简单地看成物流功能方面的速度与成本之间的平衡，而应看作是选择一种商业模式。所以不光是物流部门，还需要加入业务负责管理层共同展开以下讨论。

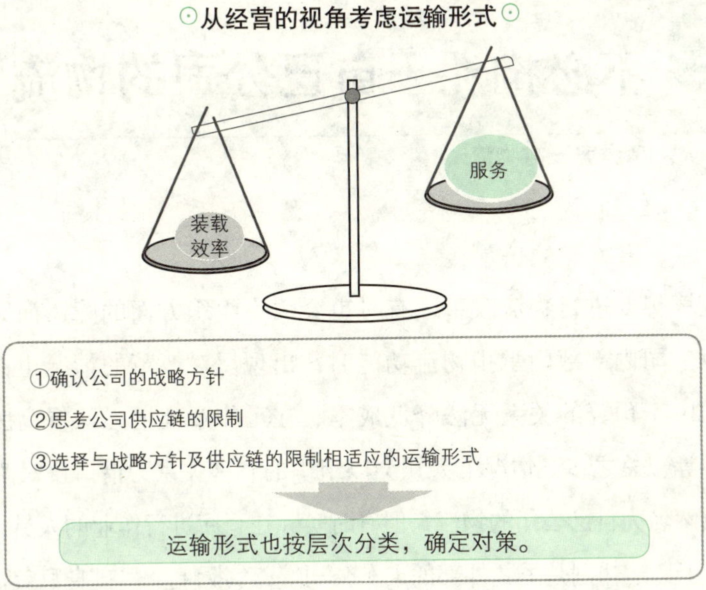
从经营的视角考虑运输形式
服务
装载效率
①确认公司的战略方针
②思考公司供应链的限制
③选择与战略方针及供应链的限制相适应的运输形式
运输形式也按层次分类，确定对策。

①确认公司的战略方针

公司自身应明确要销售何种产品、怎样销售。产品是拥有高附加价值的产品，还是普通（通用）产品？生命周期是短还是长？运输形式应根据这些不同条件而做出改变。

②思考公司供应链的限制

工厂、仓库的配置都会存在某些制约。根据该配置讨论到顾客的距离、配送速度与成本。此外，包装形式与运输条件（温度、震动、气压等）也对配置构成了制约。

③选择与战略方针及供应链的限制相适应的运输形式

拥有高附加价值的商品应采取直接运输；通用产品应采取大批运输；生命周期短的产品采取空运、生命周期长的产品采取海运；速度是竞争力的产品即使成本高也要采取高速度运输，等等，应像这样按层次进行选择。

从这种商业观点考虑的结果即可达到速度与成本的平衡。

28 不必拘泥于自己公司的物流

考虑第三方物流

✣ 公司自有物流的负累

就算想要进行物流改革，有时也会因为组织方面的障碍而无法做到。由公司内部部门承担物流功能时，出现反对改革的情况也并不少见。如由于预算的关系无法降低成本、在工作章程上无法提高服务水平，等等，总之多数情况下公司会以组织的利害关系为借口反对改革。

虽然名为自己公司的物流，但有时实际在仓库进行作业的人员大多是派遣员工，运输则是委托外部的卡车公司等，实际上公司自身只负责管理业务。即使如此，公司仍想要维持现状，降低成本等要求常常会被拒绝。

此外，还经常出现将物流功能交给子公司的情况。在该情况下，子公司有时会强烈反对改革。原因在于子公司也是独立的公司，也想获得销售额和利润。因此就算是母公司的委托命令，子公司也不希望他们插手自己的收益，并且无法接受会导致销售额减少的成本削减。尤其是每年收取一笔固定的委托费用的公司，更是不愿意努力提高服务水平，十年如一日地处理业务。

子公司的负责人都是母公司的退休干部或是总公司指派下来的，或是由公司掌权派系掌控，所以难以进行改革。但是提高服务水平与增强竞争力紧密相关。我们应该采取一定的对策，使自己公司的物流不会成为物流改革的负累。

俗话说的好，“犬守夜，鸡司晨”，一个行业的专业人员就是具备相应的专业知识。这些专业人员积累了仓库管理、仓库内 5S（整理、整顿、清洁、清扫、教育）、动线设计、前文提到过的货物拣选、运输管

⊙应考虑选择第三方物流的标准⊙

Q 能否确保物流质量和水平具有市场竞争力?
Q 目前的物流业务是否太轻率了?
Q 物流业务与同行业其他竞争对手相比是否毫不逊色?
Q 是否在每天努力改善?
Q 能否持续提高服务水平、降低成本?

只要有一个问题的回答是NO的话，
或许就可以考虑一下第三方物流了。

理、运行管理、贸易管理等专业知识。

此外，最近的竞争越来越激烈，物流行业也进入了择优选择的时代，开始了艰难的业务改革。曾经该行业迟迟未能进行改革，但受到外资公司加入等的刺激，物流也进入了在全球大舞台上竞争的时代。国内的物流行业也在逐渐发生变化。

✣ 第三方物流

如果对自己公司的物流抱有疑虑的话，可以考虑将物流功能完全交给外包的“第三方物流”。即将仓库管理、出入库、运输配送全部委托给外部公司。出入库等装卸作业依据数量付酬，仓库保管费依据仓库运转率付酬等，费用标准有所不同。

截止时间、误出货等指标、运输配送时间等可以通过名为“服务水平协定（Service Level Agreement）”的服务水平的协议、合同来进行检测和改善。通过变动费用与签订服务水平的合同，可以提高SCM的质量，将其转化为竞争力。

2-9 努力做到成本与服务兼顾

物流业务是 SCM 的基础。不断优化才能在竞争中取胜

✣ 物流业务是 SCM 的基础体力

在 SCM 当中，物流业务相当于基础体力。如果不切实确立好物流业务，就算管理水平已提高至可以应对任何需求变动，也无法有效地投入应用。因为在 SCM 当中，只有事物活动起来才能有效地管理事物。

此外，顾客关注的是供应商能否做到"在必要的场所、必要的时间、以必要的数量送达必要的产品"。顾客能直接看到、亲身体会到服务的主要业务之一即是物流业务，许多时候顾客在评价企业的 SCM 时也是从这方面给予评价。如果将物流业务委托给第三方，那么顾客就会同时考虑委托者与其所委托的公司的服务态度。物流业务与公司的评价直接相关，该业务领域的改革水平越高，公司的竞争优势就越大。

为了做到这一点，重要的是公司能认识到物流业务远非简单地"运输东西"，而是一项意义深远的业务。在分层配置库存及选择运输方式时，选择与公司战略及商业模式相符合的方式是最为关键的。如果在这方面选择失误的话，就会出现仅凭战术层面的"运输"业务无法解决的问题。我们应该铭记于心，构建与公司战略及商业模式相符合的物流是决定公司基础的重要因素。

在此基础上，保持成本与服务水平的平衡，构建兼具收益性与敏锐性的物流业务。通过提高速度、提高频率、延长截止时间、采取最合适的运输形式，确立公司的竞争优势。

物流强的公司可以确保收益性。物流原本就是竞争力的源泉之一。

⊙服务水平与成本的最优化⊙

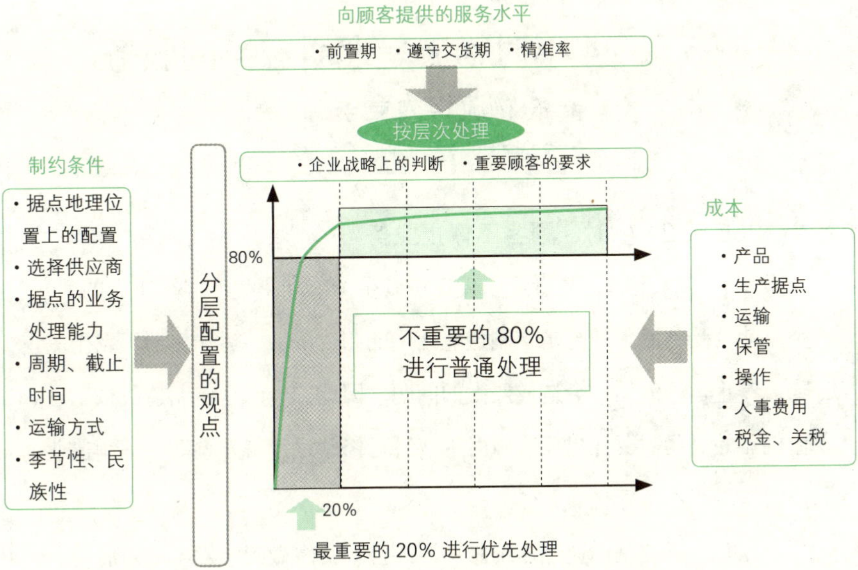
向顾客提供的服务水平
・前置期 ・遵守交货期 ・精准率
按层次处理
・企业战略上的判断 ・重要顾客的要求
制约条件
・据点地理位置上的配置
・选择供应商
・据点的业务处理能力
・周期、截止时间
・运输方式
・季节性、民族性
分层配置的观点
80%
不重要的 80%
进行普通处理
20%
最重要的 20% 进行优先处理
成本
・产品
・生产据点
・运输
・保管
・操作
・人事费用
・税金、关税

我们需要致力于作为 SCM 基础的物流改革，打造差异化。

成本与服务水平的平衡

加强物流并不意味着毫无限制地投入成本。投入的“人力、物力、财力”等经营资源都是有限的，而且有时候遇到已经建设完成等情况就无计可施了。如本章所述，对不同顾客进行分层，并对各层次应提供的服务水平做出定义，然后根据各层次的情况分配经营资源，这是最有效地投入经营资源的方法。将顾客与产品分类，把资源集中到对销售额与利润做出最大贡献的部分，而其他部分则进行普通处理，这样有张有弛地处理是最有效的。

帕累托曾经提出著名的“80 / 20 法则”，其中明确指出最重要的 20% 创造了总体中 80% 的结果。按此理论，我们应该有一定的重点对象，而不是全方位地无差别对待。重要的是保持成本与服务水平的平衡，构建最适且强有力的物流体系。

365 天 24 小时物流是理所应当的服务

——将物流作为竞争力——

365 天 24 小时、顾客不停止业务

365 天 24 小时，制造业一直在持续生产。如果生产停止 1 天的话，企业就会受到巨大的打击。制造业使用的制造机械、运输机器等发生故障、停止运行的话，会造成巨大的问题。因此，生产这些制造机械、运输机器的公司需要在出现故障时迅速进行修理，使得其顾客——制造业公司的生产不会停止。

此时重要的是迅速送达维修用零部件。要想做到“发生故障后马上配送维修用零部件”，需要建立起 365 天 24 小时的售后支持体制与送达维修用零部件的物流体制。

365 天 24 小时、保证消费者的生活质量

不仅是制造业与运输业等产业需要 365 天 24 小时的物流，面向消费者提供的服务也有同样的需求。人们是 24 小时不间断地生活着的。在此期间如果出现故障的话会非常不便。

生活中使用的机器种类有许多。电梯、机械式立体车库、热水器、安保系统、照明机器、通讯机器、医疗器械等与生活密切相关的机器如果停止服务的话，有时会给生活带来非常不便的影响。为了保证消费者的生活质量，与生活相关的机器也理应要求提供 365 天 24 小时的服务与物流。

第3章

SCM应从销售计划开始

1. SCM中最重要的计划性业务
2. 一切始于销售计划
3. 需求预测有许多方法
4. 如何处理很少出货的“间断性需求品”
5. 如何在活动计划等之中“加入人的想法”
6. 如何处理OEM客户的订单
7. 通过共同计划（CPFR）消除隔阂
8. 回复确切的交货期可提高销售额

3-1 SCM中最重要的计划性业务

销售、供需、生产、采购等各项计划发生连锁作用

❖ 计划性业务正是管理业务

SCM中包括作为基础设施的物流与作为业务的计划性业务和实际性业务。计划性业务正是为了推动SCM而做的计划，其中包括销售计划、供需计划、生产计划、采购计划。实际性业务是接受订单、出货、生产等运行操作的业务，各种业务的实施指示都需要出具票据。

继第2章的物流之后，本书将从第3章到第6章介绍SCM概念中的计划性业务。之所以花费这么长的篇幅，是因为计划性业务是SCM中最重要的因素。人们经常将物流与实际性业务视为SCM的主要课题，但是实际上计划性业务才是SCM课题中更为重要的业务。

计划性业务恰恰就是管理。通过计划决定“人力、物力、财力”，之后在计划确定的框架中实施实际性业务与物流业务。也就是说，计划性业务需要对库存、生产能力、销售数量做出计划，它决定了公司的资产与销售框架，所以相当于决定了公司的收益，是十分重要的业务。

管理是指以长期视角考虑风险与收益并进行决策的业务，其与从效率的视角根据标准与规则所实施的物流业务、接受订单及出货等操作性业务有着决定性的差异。

❖ 计划性业务的特点与重要性

计划性业务与接受订单、出货等实际性业务或会计处理不同，它没有票据等信息的“载体”，难以明确地定义业务流程，因此容易延误改

⊙计划性业务的流程⊙

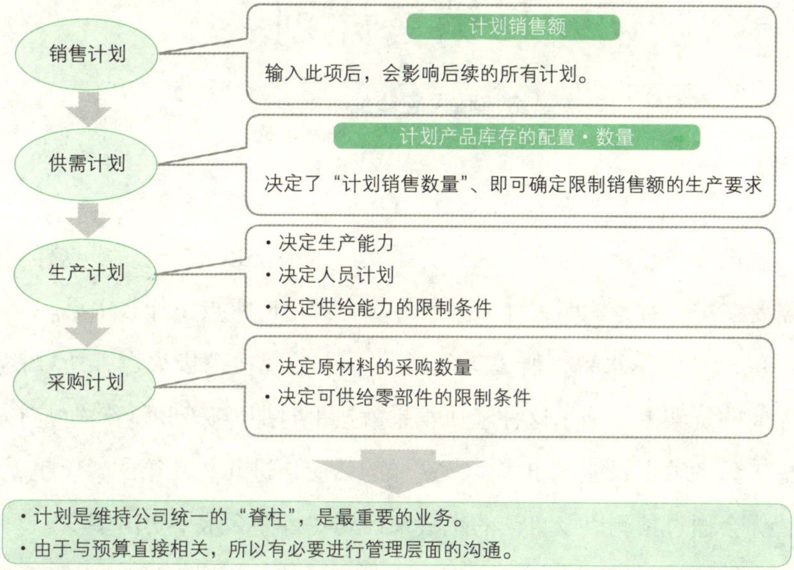
销售计划
计划销售额
输入此项后，会影响后续的所有计划。
供需计划
计划产品库存的配置・数量
决定了“计划销售数量”、即可确定限制销售额的生产要求
生产计划
・决定生产能力
・决定人员计划
・决定供给能力的限制条件
采购计划
・决定原材料的采购数量
・决定可供给零部件的限制条件
・计划是维持公司统一的“脊柱”，是最重要的业务。
・由于与预算直接相关，所以有必要进行管理层面的沟通。

革。由于不能对其进行观察与检测，延误改革也是不难理解的。

计划可以从中长期计划、预算细分至月度计划、周计划。

计划的内容首先是确定销售额目标的“销售计划”，接着是确定各据点的库存配置数量的“供需计划”、决定生产能力与库存可供给数量的“生产计划”、占据大部分成本、决定可生产数量的关键——零部件与原材料的“采购计划”。计划是从供应链下游向上游“连锁”关联的。

SCM的计划性业务通过销售计划、供需计划、生产计划、采购计划的计划连锁而建立起来。如果不将所有计划调整一致的话，在实施阶段就会出现问题。比如说，如果销售计划比生产计划多的话就会导致缺货，如果采购计划比生产计划多的话就会出现零部件剩余等情况。

3 2

一切始于销售计划

SCM 的基本思路与私人店铺没有区别

❖ 为了达成销售计划而制订后续计划

假设你在经营一家水果店。为了卖出水果就必须要进货。这样自然就需要在进货时考虑明天什么水果好卖，或是应重点卖什么水果。

草莓是当季水果，所以大量进货，芒果现在销售火爆，所以摆放在靠前的货架上，橘子这种经典水果就按平时那样陈列就行。你应该会考虑 1 天各种水果能卖出多少，这样的话应该进几袋几箱的货。也就是说，你会通过预测以及自己的想法来计划“将什么水果卖出多少”。

就算公司规模变大，这一思路也是相同的。根据销售计划决定“将什么卖出多少”，在销售计划以后的计划当中，就像水果店的进货计划一样，制订计划，及时地、充足地准备需求的数量，使得销售计划可以持续下去。相反，如果没有销售计划的话，那么应该准备多少库存就没有标准了。

销售计划的后续计划需要准备“商品数量”来达成销售计划，所以作为录入信息的销售计划本身是非常重要的。如果销售计划做得过于马虎，实际销售额完全不能达到计划水平的话，就有可能造成库存积压、卖不出去。相反，如果计划过小的话，就会出现因缺货而丢单的情况，结果也会丧失顾客的信任。

SCM 的出发点是提高销售计划的准确度，随时通过检验实际销售成绩来不断调整销售计划。销售计划是 SCM 的“关键”之一。

⊙销售计划是 SCM 的基础⊙

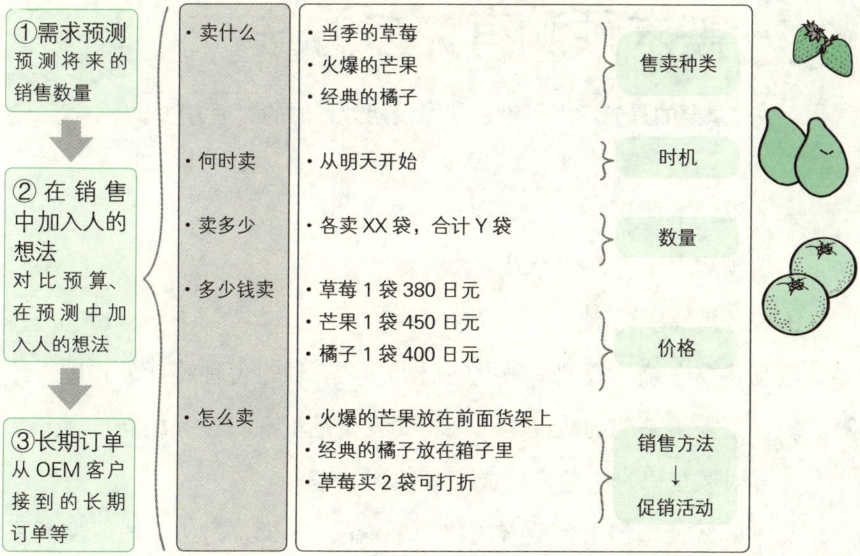
①需求预测
预测将来的销售数量
②在销售中加入人的想法
对比预算、在预测中加入人的想法
③长期订单
从 OEM 客户接到的长期订单等
· 卖什么
· 当季的草莓
· 火爆的芒果
· 经典的橘子
售卖种类
· 何时卖
· 从明天开始
时机
· 卖多少
· 各卖 XX 袋，合计 Y 袋
数量
· 多少钱卖
· 草莓 1 袋 380 日元
· 芒果 1 袋 450 日元
· 橘子 1 袋 400 日元
价格
· 怎么卖
· 火爆的芒果放在前面货架上
· 经典的橘子放在箱子里
· 草莓买 2 袋可打折
销售方法
↓
促销活动

❖ 销售计划的框架

销售计划由①需求预测、②在销售中加入人的想法、③长期订单三者合计而成。

①需求预测存在准确度的问题。其课题是如何提高准确度。②在销售中加入人的想法即如何制定对策以尽可能接近预算等经营目标、长期的销售计划。③长期订单是顾客主动下的订单，因此原则上直接接单即可（不过，是否可以直接接单将在本章第 6 节叙述）。

当销售的实际业绩下降时，有时会下调销售计划，但是这种做法只是简单地对需求做出反应。SCM 的作用则是通过加入人的想法，思考提高销售量的对策。

3-3 需求预测有许多方法

重要的是先考虑好没能取得预期效果时的处理方法

需求预测的类型

需求预测大致可以分为以下 3 大类型。

①统计型需求预测

这是建立在统计模型基础上的需求预测，通过各种统计公式进行计算。统计型需求预测的前提是未来将要发生的情况与过去相同，因此基本上很多时候是以过去的实际成绩来预测未来。

简单的统计型需求预测有“移动平均法”，即从过去一段时期的平均数值预测未来的数值，以及“季节变动法”，即将过去同一时期的变动视为季节性变化，并预测未来也会发生同样的变化，等等。这些都是将未来视为过去的延续的计算方法。

此外，还有通过将影响预测的因素拆解后再相乘来预测未来的方法。比如说，如果增加或是减少安装了具有一定故障率的零部件的轿车辆数的话，就可以采用“行驶的轿车辆数 × 故障率”的方法来计算。其他还有许多不同的预测方法。

②人为预测

通过直觉与经验进行预测的方法。该方法得到了广泛的应用，比如说营业人员预测“销量比去年增加 5%”等销售计划就属于这一类型。

③基于常识的预测

通过协商或是向多数人咨询来进行预测的方法。多数表决与问卷调查也属于这一类型。

⊙完美的需求预测并不存在⊙

① 过去的延续	未来是过去的延续与前提 ↓ 无法预测变化趋势
② 人为问题	由于人的喜好与流行等心理的、人为的因素混杂在一起，所以难以预测
③ 受样本数量限制	预测所使用的样本数量少的话，则无法提高准确度

需求预测说到底只是一种预测。其业务本身即有着自然局限，因此不需要追求 100% 的准确度，重要的是将其作为参考，以及在没能取得预期效果时也能采取相应对策。

❖ 需求预测有一定的局限

需求预测不可能做到完美无缺。它是对未来进行预测，自然无法达到完美，而且预测本身就有许多前提条件，如果不解决所有问题的话，是无法达到完美无缺的。我们经常看到一些 SCM 项目的目标是努力将预测准确度提高至 100%，但付出的努力大部分与结果不成正比。

需求预测的前提在于未来是过去的延续。但是实际上并非如此。

而且加上人的喜好与流行等心理方面因素的影响，实际情况与数学上的理想情况并不一致。无论再怎样追求统计上的准确度，都存在着一定的局限。我们经常可以看到有些公司建立了数亿日元的销售预测系统，但是现实并非数字上的理想情况，所以最终无法投入实用而不得不放弃。

此外，在统计学上，作为预测根源的样本数量越多，预测的准确度就越高，在统计学论文当中如果没有集齐 2000 个以上的样本，其结论是得不到承认的。但是在实际的销售预测当中，通常样本数量非常少。如果以过去 3 年的每个月为单位的话，则总共只有 36 个样本，其准确度原本就存在问题。

3-4 如何处理很少出货的“间断性需求品”

不依赖统计型预测，而是明确公司的方针

✣ 很少出货的产品所带来的干扰

维修用零部件部门肯定会面临这样一个问题，那就是如何处理很少要求出货的零部件。“我们无法预测这个零部件的出货情况，能否想办法预测一下呢？”“很少”究竟是指怎样的频率呢？一般来说 1 年 1 次或者是更少就可以算是“很少”了。

正因为很少出货，所以从对销售额的影响程度等重要性来看可以忽略或是接受订单后再生产。如果缺少该产品（零部件）会给顾客造成非常显著的恶劣影响的话，那就事先准备好库存即可。

而如果采用其他方法处理的性价比高于费力预测统计学上难以预测的事项的话，那么我们就应该在处理时转换视角。具体地说，可以事先通知顾客“这些东西很少出货，所以库存里没有准备”，告诉他们需要花费一定时间才能调货也是销售人员重要的工作。在这种情况下分层处理的方式也很重要。

✣ 不进行统计预测，而是通过决策来准备库存

很少出货的“间断性需求品”不要依赖统计学的预测，而应该归类为由管理层来处理的问题。

公司不能将这些问题全部交给负责预测的人员与进行预测的部门，这样是不负责任的表现。公司应该从服务顾客的视角进行判断。

SCM 即清除组织的隔阂，“在必要的场所、必要的时间、以必要的

⊙处理间歇需求品⊙

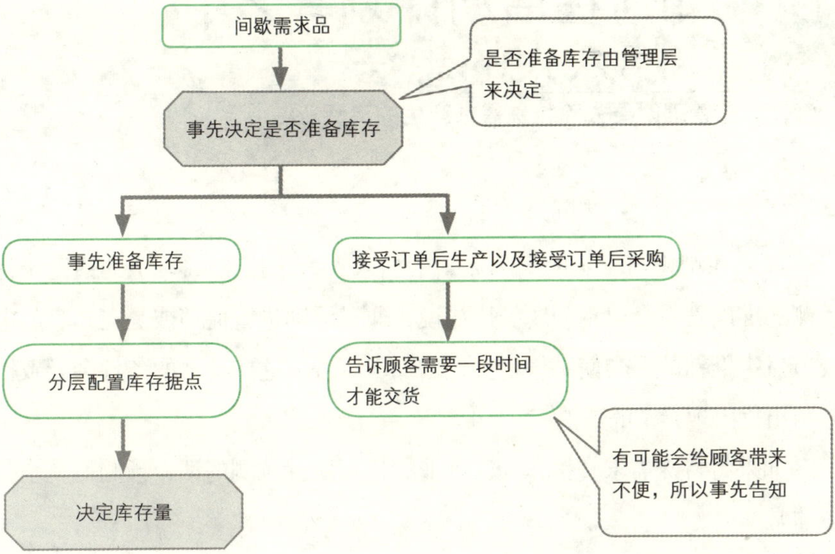
间歇需求品
是否准备库存由管理层来决定
事先决定是否准备库存
事先准备库存
接受订单后生产以及接受订单后采购
分层配置库存据点
告诉顾客需要一段时间才能交货
有可能会给顾客带来不便，所以事先告知
决定库存量

数量送达必要的产品”。在难以进行销售预测时，为了坚持该原则，我们需要决定是应该事先准备好库存还是完全不准备库存，等接单再生产或是接单后再采购。

如果产品所需的交货前置期短的话，则应该准备好库存。不过我们应该将产品出货前陈列在仓库期间的成本、长时间积压导致最终折旧、废弃的成本视为风险，在此基础上决定库存。

如果前置期较长，且不会给顾客造成很大不便的话，则可以决定不在库存中准备产品，而是让顾客等待调货。此时应该由销售部门明确地通知顾客到货的前置期很长。销售部门作为公司的代表将这点通知给顾客，即意味着表明了组织的决定事项。这就不再是预测负责人员的失败，而是公司的决策问题了。

当然，也有适用于间断性需求品的统计预测方法。只不过我们还应该加入性价比的观点来讨论是否该预测真的适用。

3-5 如何在活动计划等之中“加入人的想法”

管理时要去除特殊需求产生的实际业绩

特殊需求会使统计预测失常

如果在销售与出货的实际数据中加入人为干扰（Noises）的话，统计预测的准确度就会出现问题。比如说，通过活动进行促销或是在知名的电视节目中推销的话会使销售量突然增加，等等，这些特殊的条件会导致销量与出货出现异常的数值。

如果将特殊需求直接作为实际业绩进行统计预测的话，预测值就会变得非常离谱。

特殊需求的产生有许多原因。最具代表性的就是附带礼品装，3 袋装、5 袋装等促销装，以及限时优惠等活动。

此外，接到大量订单或天气不佳（大雪或酷热、冷夏等）都会造成销量突然减少或增加，这些也是特殊需求。

无论如何，如果我们不去除特殊需求的影响的话，就会导致预测不准确。

去除特殊需求的方法有人工修正去除的方法和系统自动去除的方法。在这里重要的是记录发生特殊需求的原因，以便今后可以核查、得知修正的理由。

在统计预测上追加人的想法

我们需要从过去的实际业绩去除特殊需求，与此同时还有必要对没有干扰的统计预测加入人的想法。本章第 2 节介绍的②就是在销售中加入人的想法。

统计预测只是单纯的预测，里面没有任何人的想法。但是销售行为应

⊙统计预测需要去除异常值，加入人的想法⊙

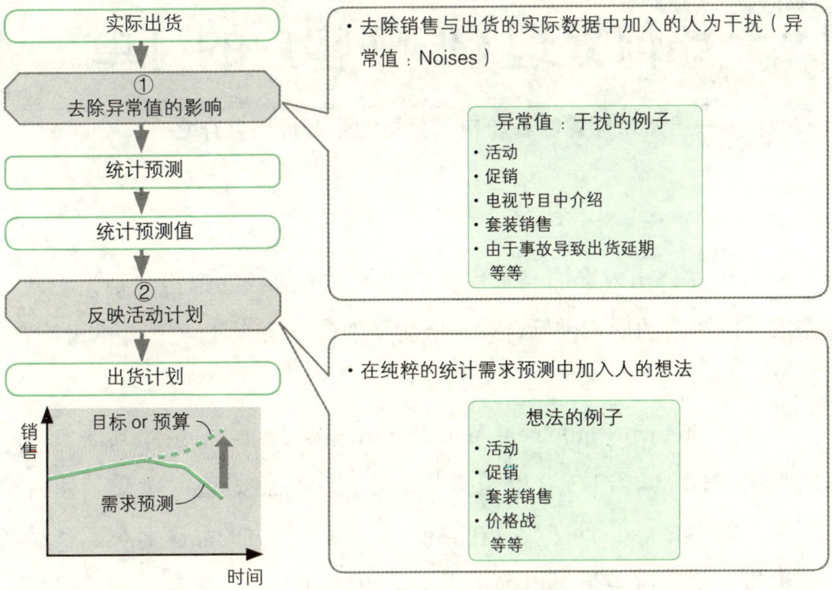
实际出货
①
去除异常值的影响
统计预测
统计预测值
②
反映活动计划
出货计划
销售
目标 or 预算
需求预测
时间
・去除销售与出货的实际数据中加入的人为干扰（异常值：Noises）
异常值：干扰的例子
・活动
・促销
・电视节目中介绍
・套装销售
・由于事故导致出货延期
等等
・在纯粹的统计需求预测中加入人的想法
想法的例子
・活动
・促销
・套装销售
・价格战
等等

该包括人的想法，所以需要进行一定的修正。简单地说，这一行为是将统计预测中销售额会下降的地方用活动或是其他对策进行补充提高，从而提高销售额。

如果放任销售额自然下降而不采取任何措施的话，也许就不需要人的努力了。但实际上并非如此，人们需要努力达成制订的计划。

这一努力可以表现为开展活动，或是变更价格策略等多种提高销售额的对策。对自然形成的统计预测需要加入人的想法进行修正，通过修正追加可能增加销售额的数值。

除此以外，大批订单的谈判与投标也是统计预测无法反映的需求。此类特殊需求不能通过统计预测，而应该通过别的方式进行管理。

另外，还需要记录在销售计划中加入人的想法进行修正的原因，这也能用于预测时排除干扰等方面的工作。

3-6 如何处理 OEM 客户的订单

一旦接单即意味着与自己公司的生产计划共存亡

OEM 客户主动提交确定订单

相对于在公司内部的需求预测中加入人的想法的销售计划，还有一种需求是以接单的形式进行合计。这就是来自 OEM 客户（产品的订购者）的订单。

OEM（Original Equipment Manufacturing）是指代工生产其他公司品牌的产品，OEM 客户在这里是指其他公司。也就是说，接受其他公司的订单、制造产品并且交货，在其他公司贴上对方的品牌名称、产品名称后出售。这一订单是可以确定生产量的订单。

因此，公司需要将内部的销售计划与 OEM 客户订购的产品合计在一起进行生产。

不过，尽管 OEM 客户的订单是确定的订单，但是与自己公司产品库存的订单不同，其需要一定的时间进行生产（生产前置期），因此这种订单需要过一段时间之后才能交货。比如说，自己公司的销售计划是 2 个月以后的计划，在此基础上的生产计划为 1 个月之后，而 OEM 客户的订单则是以 2 个月后为交货期。

在此会出现一些小问题。如果是自主生产自己公司所需求的产品的话，就可以由自己公司承担库存风险，计划生产 2 个月后的产品。如果库存没卖出去、有所积压的话，则由自己公司处理，反之如果预测出现差错，因为卖得太好而缺货也是自己公司的责任。

但是 OEM 客户是购买其他公司代工生产的产品，而几个月之后的市场需求又不确定，所以他们不希望承担确定订单的风险。因此 OEM

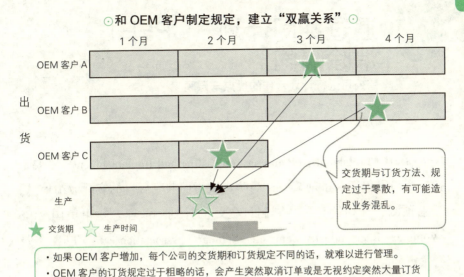

⊙和 OEM 客户制定规定，建立“双赢关系”⊙

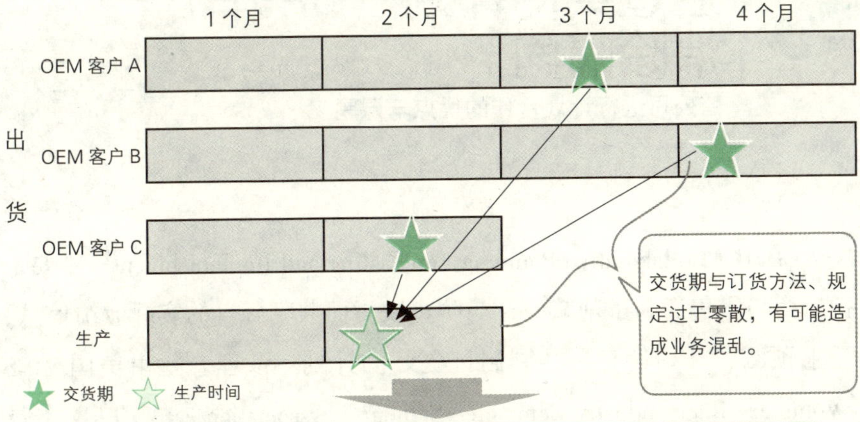
1 个月
2 个月
3 个月
4 个月
OEM 客户 A
OEM 客户 B
OEM 客户 C
生产
出货
交货期与订货方法、规定过于零散，有可能造成业务混乱。
交货期
生产时间

- 如果 OEM 客户增加，每个公司的交货期和订货规定不同的话，就难以进行管理。
- OEM 客户的订货规定过于粗略的话，会产生突然取消订单或是无视约定突然大量订货的风险，加剧混乱。

的订单又分很多种情况，有可能变更或是取消，或者不是简单的预订，而是采取出货时间很短的实际订单，等等。

✣ 重要的是调整订货规定

OEM 客户的订单过于零散的话，会造成制订销售计划后的供需计划混乱，因此有必要开展难度极大的供需调整业务。公司很难对哪些需求应进行优先供给做出规定，每次都因为随时调整业务而忙得不可开交。

OEM 客户的规定各不相同是因为每个公司所容许的风险范围不同。他们希望尽可能也让生产方承担一定的风险。由于 OEM 客户是顾客，所以生产方也不便强制要求他们遵守规定，于是出现了大量无视规定的混乱情况。

但是，这也是 SCM 的关键作用之一。虽然 OEM 是顾客，但是如果能够对其需求进行管理的话，就也能在降低库存风险的同时增加销售额。

其具体方法详见下一节所介绍的制订共同计划与阶段性订货（也可参照本章第 3 节）。

3-7 通过共同计划（CPFR）消除隔阂

跨公司进行计划合作的优点与课题

CPFR

CPFR（Collaborative Planning Forecasting and Replenishment）主要是指厂商与零售商为了削减库存与防止缺货而共享各自的实际业绩信息、需求预测、计划信息，共同制订更好的计划。该理念是由美国 VICS（Voluntary Inter-industry Commerce Standards Association）的 CPFR 委员会推行的。

剩余库存与缺货是由于跟不上需求动向而出现的。相反，还有一些问题源于生产延迟等供给的问题没有迅速反映在市场上。由于供应链上存在许多公司，到最终消费者的距离很远，所以处理延迟是人们经常需要解决的课题。

此时，如果可以消除公司之间的隔阂，与供应链下游离最终消费者较近的公司合作，共享实际业绩、需求预测，共同制订计划的话，无论是信息的合作速度还是对风险的判断都会变得更加迅速，而且也能提高处理剩余库存、缺货情况的能力。

为实现 CPFR 而应该跨越的障碍

尽管人们深知只要实现了 CPFR 就能取得有效的成果，但是实际上仍有许多障碍。第一恐怕就是人们对**信息公开**心存不安。计划信息对公司来说是机密信息。人们往往不愿意轻易地将未来的销售计划、采购计划、生产计划公开。不过如果这些信息只是向合作公司公开的话，可以仔细考虑共享计划信息的利弊，如果有利的话，就应该签订保密协议并

⊙ CPFR 的流程⊙

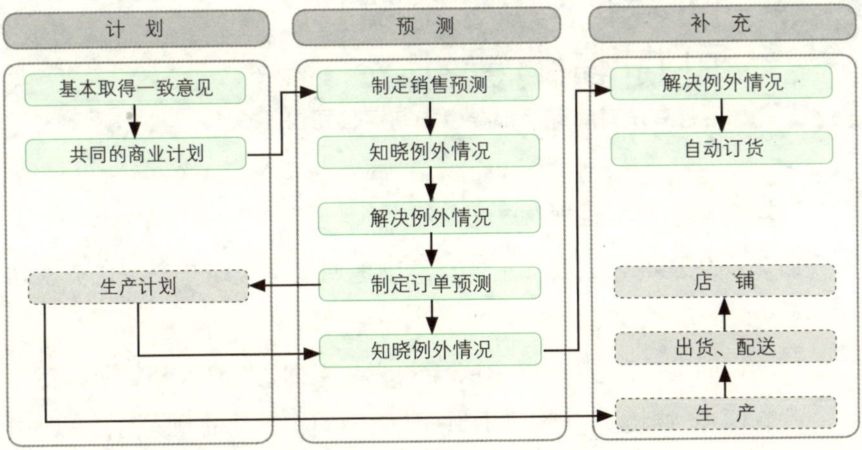
计 划
预 测
补 充
基本取得一致意见
共同的商业计划
制定销售预测
知晓例外情况
解决例外情况
制定订单预测
知晓例外情况
解决例外情况
自动订货
生产计划
店 铺
出货、配送
生 产

（注）例外情况是指促销、新开店铺、生产日程变更等。

根据《CPFR 指南》（VICS 著、流通经济研究所译）制作

CPFR 的优点	・提高计划的准确度 ・有效、及时地补充 ・提高销售额 ・实施共同的活动 等等	・降低库存水平 ・防止缺货 ・改善服务水平 ・对商品开发反馈信息

予以实施。

第二是公司**利害调整**的问题。如果将处理积压库存的风险强行推给某一家公司的话，就无法达成合作。我们需要在合同里规定出现积压或是缺货时的处理方法。

第三是**业务水平**的问题。如果自己公司内部对计划的责任归属不够明确，不清楚谁在什么时机应进行何种决策的话，就无法跨公司制订计划。首先需要明确自己公司内部的决策等业务流程与规定，再进行合作。

最后是**信息的准确度、基础设施**的情况。这就只能提高自己公司的信息系统水平了。不过如果只是共享计划的话，简单的系统就足够了。

供应链上有许多公司，可以首先由一部分公司开始实践 CPFR，跨越以上障碍，享受合作的好处。

3-8 回复确切的交货期可提高销售额

不管有没有库存，都要事先制定公司内部规定

✣ 回复交货期与顾客满意度直接相关

回复交货期非常重要。迅速、准确地回复交货期与竞争优势密切相关。

比如说图书。最近可以在网络上检索、查询到库存及到货期。

没有库存时则会向读者显示到货期。有时是预计的到货期，有时则是确切的到货期。

在有些行业，能否确切回复预计交货期与订单能否谈成直接相关。如果回复不了的话，就无法获得订单。此时必须制订在任何情况下都能够迅速、准确地回复交货期的业务计划。

此外，在许多行业中，回复订单的准确交货期也很重要。如第 1 章第 11 节中所介绍的一样，对等待维修用零部件的顾客来说，零部件什么时候送达是必须要掌握的信息。还有维修时间的预计，什么时候生产线能够恢复原状是十分重要的。如果交货期不准确的话，会产生巨大的问题。

回复确切交货期的事例在生活中随处可见。新车到货的日期、西服做好的日期，等等，回复交货期的准确度与顾客满意度直接相关。

✣ 回复交货期比预料中要难

人们或许会觉得“回复个交货期又不是什么难事”，然而迅速、准确地回复交货期实际上是很困难的事情。让我们分别设想一下有库存和没有库存两种情况。

有库存却难以回复交货期的原因之一是“不知道应该优先配送给哪

⊙通过准确回复交货期提高竞争力⊙

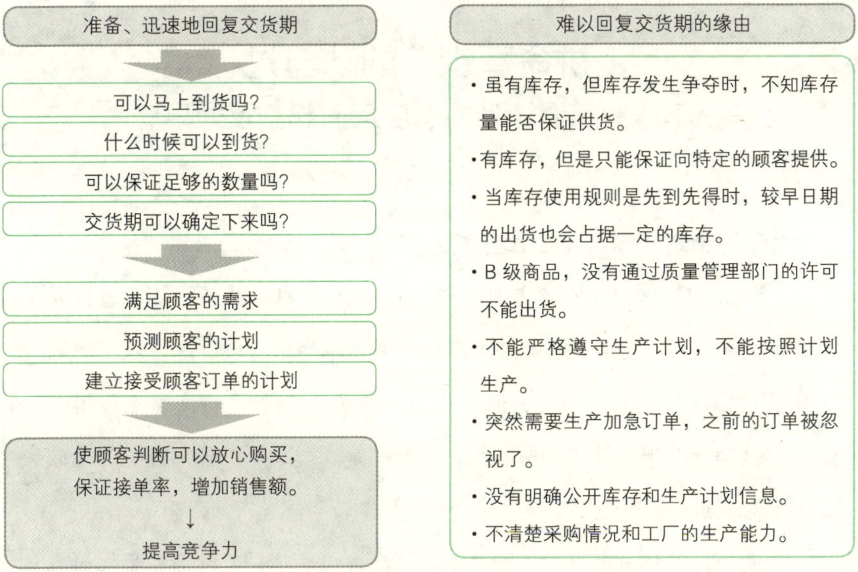
准备、迅速地回复交货期
可以马上到货吗?
什么时候可以到货?
可以保证足够的数量吗?
交货期可以确定下来吗?
满足顾客的需求
预测顾客的计划
建立接受顾客订单的计划
使顾客判断可以放心购买，
保证接单率，增加销售额。
↓
提高竞争力
难以回复交货期的缘由
·虽有库存，但库存发生争夺时，不知库存量能否保证供货。
·有库存，但是只能保证向特定的顾客提供。
·当库存使用规则是先到先得时，较早日期的出货也会占据一定的库存。
·B 级商品，没有通过质量管理部门的许可不能出货。
·不能严格遵守生产计划，不能按照计划生产。
·突然需要生产加急订单，之前的订单被忽视了。
·没有明确公开库存和生产计划信息。
·不清楚采购情况和工厂的生产能力。

个顾客”，即加入了人为判断。此时首先应该将业务分配机制设计为硬性规定，只有在特殊情况下才由人进行判断。

此外，就算有硬性的分配规定，如果库存很快就能被分配完，没有可以出货的库存的话，也会产生问题。接单时原以为有库存，没想到早已分配给了先下订单的顾客，等发现的时候就只能让顾客等待到货了。针对这种情况，就需要让系统实时反映库存的分配处理情况。

没有库存时，是采取某个生产计划来应对？还是进行追加生产？我们必须讨论自身的生产能力与采购零部件、原材料的可能性。这其实是最困难的地方。很多时候会发生像第 1 章第 10 节的 D 公司一样的情况，信息就像接力赛一样，谁都没法掌握需求与供给（生产・采购）的整体情况，于是业务流程变得十分混乱。

column

“拼命营销”的功与过

——不愿意下调计划的态度反而起到反效果——

应将销售管理与 SCM 分离开来

SCM 的目标是“在必要的场所、必要的时间、以必要的数量供应必要的产品”，这句话可归纳为以最小的成本与最合理的库存获得最大化的销售额与利润。另一方面，在 SCM 的顶端与顾客打交道的销售部门则被销售的预算计划额所制约，一般都是通过预算（计划额）的完成度来对其进行评价。

销售部门只有提高销售额才能获得高评价。于是其使命就是尽最大努力拼命完成预算。

拥有这种强烈使命感的组织是否愿意根据市场需求重新审视销售计划，对其进行下调，并且调整库存与生产呢？我们有时会看到下调销售计划后销售员中途放弃销售的情况。由于会影响到个人评价，所以难以进行下调。结果，出现了许多年末积压大量卖不出去的库存的情况。

因此，尽管销售部门位于需求的顶端，拥有不愿意下调预算的使命感，但是我们仍然需要思考能够避免库存、生产、采购的各大功能完全从属于销售的对策。

我们需要建立能适时地制约销售部门，并且对如何配备库存、生产、采购做出决策的组织。如何解决这些问题将在第 4 章进行详细介绍。

第4章

重中之重的供需计划

4-1 供需计划究竟是什么

生产、采购、销售的“扇轴”

供需计划的存在意义

第一，供需计划制订了**库存的配置计划**。即计划将库存设置在哪里、如何配置才能够实现销售计划。

这一业务是非常重要的。因为供需计划决定了库存数量（即公司的盘点存货）的规模、制约了可以销售的产品数量、决定了销售额的上限。

第二，供需计划还决定了**生产规模**。其计算了各销售据点和仓库所需要的库存，并且决定了生产数量。这样也就决定了生产所需设备的能力、作业者人数以及工厂的收益。同时还决定了采购零部件的规模。

另一方面，在过去的供需计划中，其决策有时会成为生产能力与采购零部件数量的制约。比如，在 3 个月前的供需计划当中确定了设备投资的话，那么如果这个月的供需计划突然想要增加生产数量，有时就会无法变更。

第三，供需计划还决定了**供需的分配数量**。如果因为某些原因而无法生产，就需要讨论各个据点的库存数量如何分配，并对向各个据点分配的数量做出计划。分配计划起到了决定各个据点的“商品数量 = 可以销售的数量”的重要作用。

供需计划负责人的问题

供需计划决定了销售数量的上限，其关键是决定了“商品数量”，从这一意义上来说，供需计划会给销售方面带来极大的影响。同时供需计划还决定了生产与采购的规模，从这一意义上来说，也会给供给方面

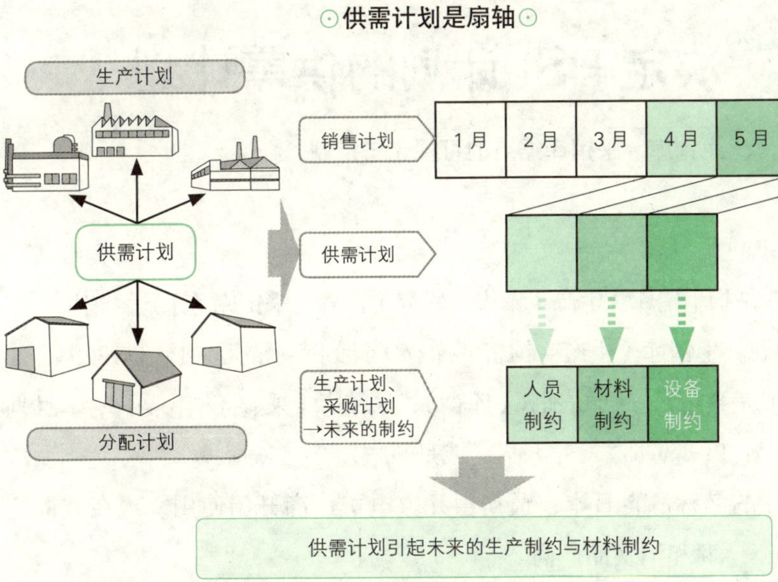
⊙供需计划是扇轴⊙
生产计划
供需计划
分配计划
销售计划
1月
2月
3月
4月
5月
6月
供需计划
生产计划、
采购计划
→未来的制约
人员
制约
材料
制约
设备
制约
供需计划引起未来的生产制约与材料制约

带来很大的影响。可以说，供需计划的业务功能在某一程度上决定了公司的收益结构本身。供需计划可谓是销售、生产与采购的“扇轴”。

但是，这么重要的业务却常常做得非常草率，这点十分出人意料。销售部门只顾着管理销售目标，而具备生产功能的工厂只制造规定的数量，库存的争抢和分配则是先到先得、或是优先供货给强势的客户等，像这种业务开展非常随意的公司并不罕见。这种公司没有将重点放在需求与供给的联系方面，导致经常会因为缺货或是库存积压而混乱不堪。

还有许多公司将实施业务与下达决策的工作强行塞给某个负责人或是某个部门。但是，供需计划并非简单的操作运营，还会受到决策的影响，所以我们应该更加重视这项业务，让管理人员也参与计划。

过去人们将供需计划视为实际作业的一环，然而我们现在已逐渐认识到这是公司的收益管理方面非常重要的工作。因为它不仅决定了未来的生产能力和原材料的界限，而且在结果上也决定了可以销售的数量，给收益造成影响。

4-2 决定 PSI 计划的供需计划

生销库、采销库据点的可视化与控制

PSI 的定义

PSI 是指生销库（生产－销售－库存）计划、采销库（采购－销售－库存）计划。生销库（生产－销售－库存）计划表示的是：P：Production、S：Sales（或是 Ship）、I：Inventory（库存）；采销库（采购－销售－库存）计划表示的是：P：Purchase、S：Sales（或是 Ship）、I：Inventory。

PSI 的名称源自日本，最初由几家电机厂商开始使用。现在该词还用于汽车厂商和消费品厂商。

PSI 计划是指以每月销售计划或是每周销售计划为基础，为满足当月或周的销售数量而保证库存数量，为了保持这一库存，计算何时生产或是采购多少产品。

PSI 据点（又称“计划库存据点”）是有计划地考虑库存配置的对象据点，其中包括营业所的仓库、大型中心仓库与贮藏所，或是工厂仓库，等等。PSI 计算是指计算应在何时为这些仓库准备多少库存。PSI 计算会在 PSI 据点之间发生连锁反应。比如在营业仓库计算 PSI，其 P（Purchase）会与中心仓库的 S（Ship）产生联系。

PSI 的“可视化”与供需计划是高收益的关键

我们可以将 PSI 计划视为单纯的库存采购计划，或是计算要求生产数量的生产计划。尽管看上去只是简单的数字罗列，但是 PSI 计划能将所有 PSI 据点的销售计划、出货计划与库存计划、采购计划、生产计划联系在一起并且使其“可视化”，这样就可以对供应链进行管理了。

⊙ PSI 示意图 ⊙

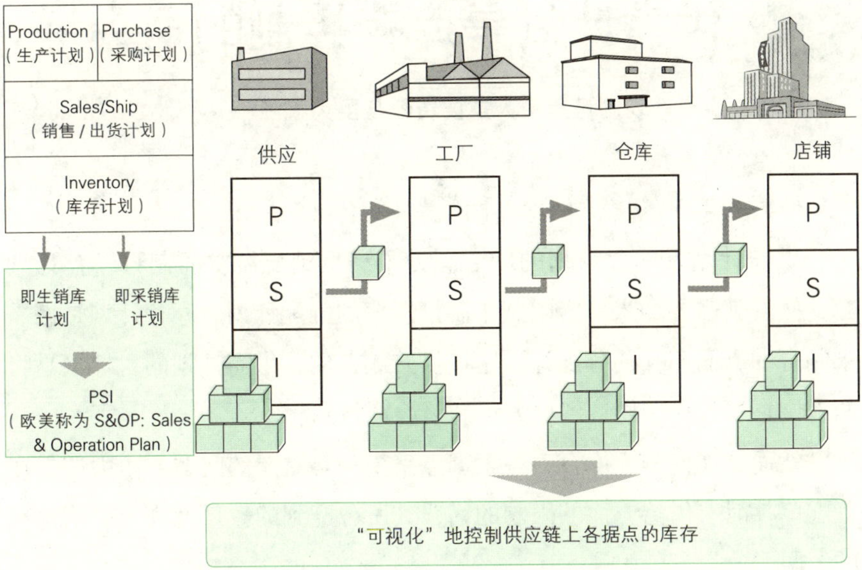
Production
（生产计划）
Purchase
（采购计划）
Sales/Ship
（销售 / 出货计划）
Inventory
（库存计划）
即生销库
计划
即采销库
计划
PSI
（欧美称为 S&OP: Sales
& Operation Plan）
供应
工厂
仓库
店铺
P
S
I
"可视化" 地控制供应链上各据点的库存

比如说，如果看不到罐子与管道里流动的液体流量的话，就无法对其进行管理。

因此，通过测量仪器或是目测将其情况“可视化”，就可以决定罐子里的储存量、管道的流量与打开阀门的时机。

在这个比喻当中，罐子就是 PSI 据点、管道就是 PSI 据点之间 P–S 的联系、液体就是产品。打开阀门即意味着决定计划数量、决定据点之间移动、分配库存的数量与时机。

如果可以将 PSI 的流程“可视化”，以少量的库存保管数量有效地供给产品的话，资产效率就会得到提高。如果可以再进一步减少库存的话，仓库设备也可以更加小型化，还能提高应变能力。

如果可以将 PSI “可视化”，在较高的水平实施供需计划的话，就可以实现高收益的供应链管理。

4-3 供需计划是库存控制的司令塔

赋予计划制订负责人重要责任与巨大权限

❖ 负责人本位的供需计划的问题点

供需计划是库存计划的轴心。为了满足销售需求而制订库存计划后，接着就需要加入一定限制，制订库存的分配计划。库存计划是按需求制订的，而库存的分配计划是按供给制订的，供需计划的目标正是将两者调整一致，以便达到最大化的销售额与利润。

然而，如何分配库存对各大据点来说都是重要的问题。因为如果在分配库存时有供给方面的限制的话，其所分配到的数量就决定了销售额的上限。

如果销售额被库存的分配数量所限制的话，各大据点的负责人都会想方设法地保证更多的库存。那么横向分布的各大据点之间就会发生库存的争夺战。这样他们就会开始要求决定分配的负责人增加分配数量，如若不然就会对其进行攻击。供需计划负责人会受到非常大的压力，每次都不得不妥协，结果导致供需计划完全成了一种“听命行事”的业务。

❖ 供需计划的组织化——管理层参与计划的必要性

库存的配置决定了公司的销售额与利润。若是将如此重要的事项如同某个负责人或是某个部门进行业务“处理”一样实施的话，就无法提高收益性与资产效率性。因此，想要在供需计划中做出决策，就需要建立让管理层进行决策的机制。其方法可以是建立实施供需计划性业务的部门，或是在决定供需计划时召开供需会议、接受负责该业务的管理层的审批。

实施供需计划性业务的部门应该对库存与收益负有责任，并且拥有

⊙通过 SCM 计划来控制⊙

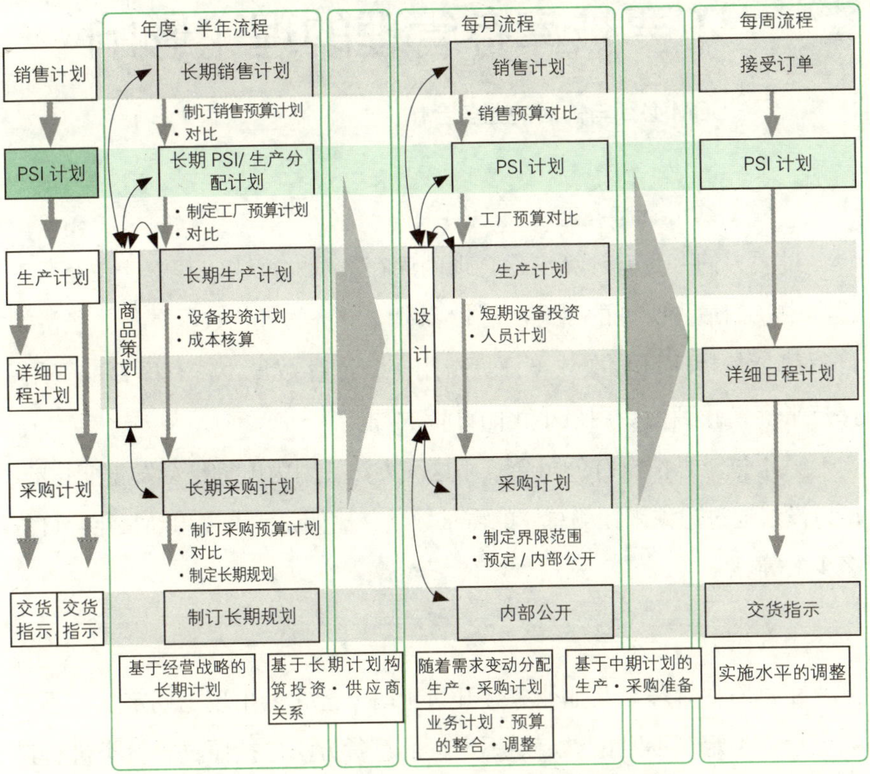
年度・半年流程
每月流程
每周流程
销售计划
PSI 计划
生产计划
详细日程计划
采购计划
交货指示
交货指示
长期销售计划
・制订销售预算计划
・对比
长期 PSI/ 生产分配计划
・制定工厂预算计划
・对比
长期生产计划
・设备投资计划
・成本核算
长期采购计划
・制订采购预算计划
・对比
・制定长期规划
制订长期规划
商品策划
基于经营战略的长期计划
基于长期计划构筑投资・供应商关系
销售计划
・销售预算对比
PSI 计划
・工厂预算对比
生产计划
・短期设备投资
・人员计划
采购计划
・制定界限范围
・预定 / 内部公开
内部公开
设计
随着需求变动分配生产・采购计划
业务计划・预算的整合・调整
基于中期计划的生产・采购准备
接受订单
PSI 计划
详细日程计划
交货指示
实施水平的调整

做出决策的权限。不过这一方法实行起来十分困难，不了解现场实际情况的部门做出的决定、命令往往会被人诟病，所以除了部门以外，还应该加入并制定由管理层通过会议等形式进行决策的业务流程。

在会议上接受管理层的审批是比较容易令人接受的方法。不过，决策应该由负责该业务的管理高层做出。因为有时还需要对海外销售公司等进行统一管理。

此外，各大销售部门有时会受到“商品数量”的限制，工厂有时也会因为成本上升而接到停止生产的指示。我们应该对这些收益受到影响的部门明确地告知决策的原因。

4 不要被库存管理的理论影响

SCM 必须与前后的业务合作

“经济的订货数量”并不实用

过去人们一直有计算出最合理的库存数量的想法。其中，在经营工程学中我们最先听说的概念的恐怕要数“经济的订货数量”了。经济的订货数量是指使订货次数（订货费用）与库存数量（持有库存的费用）保持平衡，找到使费用最小化的订货次数。

只不过，恐怕没有公司会采用这一方法。因为出货是会发生变化的，所以没法通过想象来预测总体的需求数量，比如说，事先想到每年会订货多少次等。

定期定量、不定期定量、不定期不定量、定期不定量

在将库存管理与其他业务分开讨论时，经常会出现定期定量、不定期定量、不定期不定量、定期不定量的订货方法。按照这种分类进行讨论的 SCM 已经过时了。因为如今的时代讨论的是如何将需求的变化与业务周期有效地融为一体，所以将前后的业务分开、光由库存管理部门闭门造车地讨论补充库存的时机与计算必要的数量，是无法构建 SCM 的。

不过，还是让我们来整理一下这几个概念的思路吧。

简单地说，不定期定量地订货又称为**“双瓶法”**。即准备 2 个瓶子，只要有 1 个瓶子空了的话就马上订货。该方法与需求变化没有多大关系，而且仅适用于随时能买到的廉价商品。

而不定期不定量的方法是先确定订货的数量点，再将订货点分阶段计算订货数量的方法。一般来说该方法比起计划性地订货，更加适用于需要每次按情况进行补充的商品。

⊙不用太在意常见的库存理论⊙

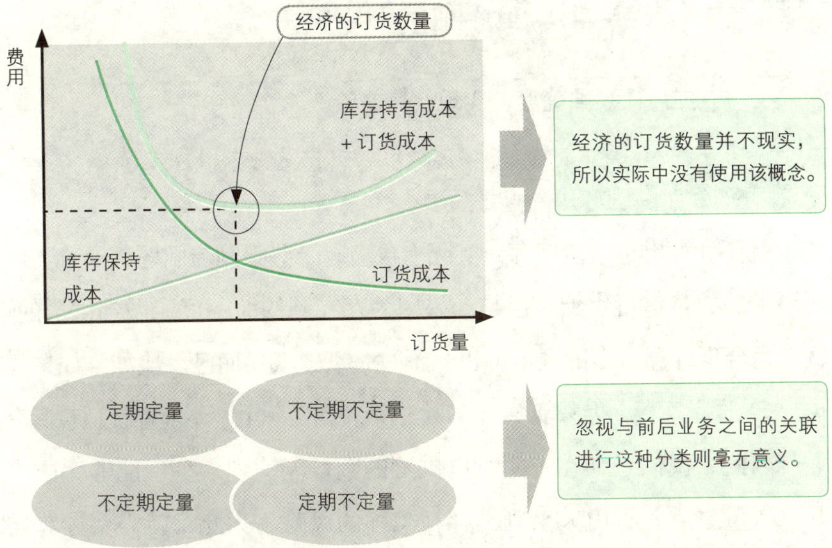
经济的订货数量
费用
库存持有成本
+订货成本
库存保持
成本
订货成本
订货量
经济的订货数量并不现实，
所以实际中没有使用该概念。
定期定量
不定期不定量
不定期定量
定期不定量
忽视与前后业务之间的关联
进行这种分类则毫无意义。

定期不定量是现在的趋势。该方法是事先确定计划性业务周期，决定好何时订货，再计算必要的库存数量。

一般来说，不定期不定量的方式适用于补充型、短周期订货（补充），而定期不定量的方式适用于基于计划的订货等业务周期已经决定好的情况。

✣ 适量库存的计算方法

计算适量库存的方法有许多种。计算适量库存与需求预测不同，其计算的是可以满足预测与销售计划等需求的库存。为了满足需求，库存计算使用的是统计的计算方法。在计算库存的必要数量时，需要加上考虑到缺货风险的安全库存。

另外还有一种方法是事先考虑好风险，通过简便型、将需求分为几天的数量的形式来决定最大库存数量，订货量最多不能超过最大数量。我们应该采取可满足需求的必要库存数量的计算方法。不过，实际应用中应该慎重地调查、选择应该采取哪种方法。

4-5 供需平衡的定义

提高计划准确度、实现快速决策

适量库存供应未必能够保证！

就算计算出了适量库存，实际上也会有一些限制与问题，导致无法按照要求的数量进行供给。但是如果因为存在制约而不可能做到供给的话，就算是合理计算得出的数值，也只不过是纸上谈兵而已。比如，如果要求 100 个是适量库存，但只能供给 80 个的话，则实际上并不能保证适量库存。

因此，我们必须在查明可以供给的数量能达到多少、能够完成多少要求数量之后，再由人来判断存在怎样的风险。为此，就需要计算需求与供给之间的差额，检验其平衡性。

简单地说，即从要求数量中减去预定入库或预定完成生产的数量后，检验是否能够保持适量的库存。

比如说，销售计划需要出货 50 个产品，预测风险后算得的适量库存为 100 个，于是计划进货 100 个。那么，当预定入库量为 80 个时，就算出货 50 个库存产品，也能保证还有 30 个库存。虽然比适量库存要少 20 个，但实际检验表明其足够弥补风险部分。

但是如果只剩下 20 个的话，则出货变动的可能性较高，如果销售追加 20 个以上货品的风险较高时，就有可能缺货，于是就应要求其供给的数量多于 80 个。

这便是供需平衡的思路，目标是做出使需求与供给平衡的决策。该业务并不是制订好计划就结束了，而必须对照供给方的回复进行检查，这样才能提高计划的准确度，使 SCM 能够迅速地做出决策。

⊙制订计划，使供需平衡⊙

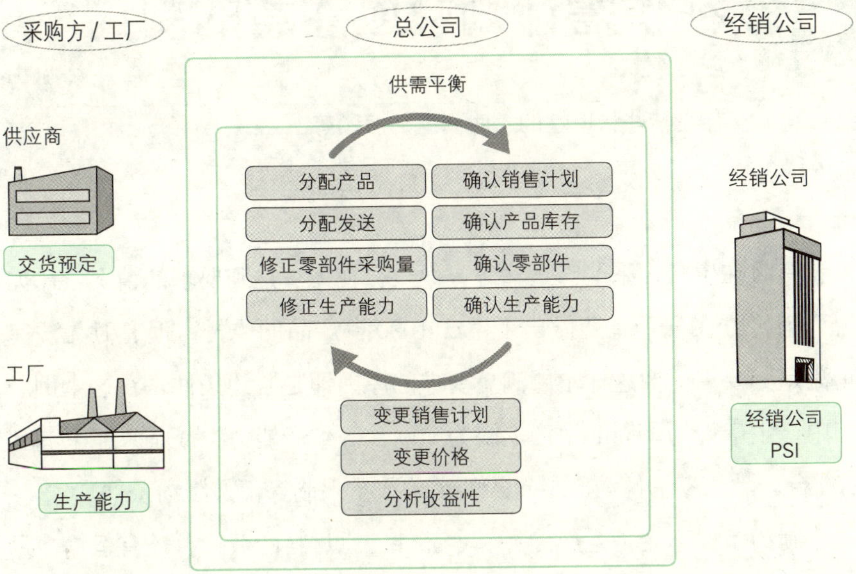
采购方/工厂
总公司
经销公司
供需平衡
供应商
交货预定
分配产品
确认销售计划
分配发送
确认产品库存
修正零部件采购量
确认零部件
修正生产能力
确认生产能力
工厂
生产能力
变更销售计划
变更价格
分析收益性
经销公司
经销公司
PSI

供给方主导的供需平衡

有时我们会根据供给方的要求来实施供需平衡。因为预想的供需情况会受到供给方的能力等方面的制约，所以有时会实施前置生产——即推式的库存配置。

比如，工厂长期休假前会进行前置生产。此时即使要求按照计算出的适量的库存数量备货，但是考虑到工厂的休息时间，只能提前生产并入库。所以适量库存的概念在这里就暂时没有意义了。对需求方来说库存会显得过多。此时就需要管理层做出决策，是否容许这种提前生产造成库存过多的情况发生。

而且如果推进供需平衡的话，有可能在产品生命周期的所有阶段均适用这种推式生产。比如说生产完即止、售完即止型的产品就适合采用这样的方法，像电脑等生命周期短的产品就可以考虑采用这种方法。

4-6 在供需计划中应注意的制约条件

存在某些物理性的、时间上的瓶颈等

制约条件

有时在生产、采购与运输等方面也存在无法达到要求的情况。比如说，销售方在某个星期做出了生产 1000 台产品的委托，但有时无法完全满足其要求。像这样不能满足要求的原因即是制约条件。在这个例子当中，生产现场 1 周的生产上限为 700 台等生产能力，或是只能采购到 700 台产品的零部件与原材料等的采购数量限制等都是制约条件。

制约条件不光是生产能力、零部件、原材料的数量，还有运输数量的上限、仓库的保管数量上限等物理性的制约。

此外还有保质期限与使用期限等时间上的制约。比如说，就算持有大量库存，但如果过了使用期限的话就不能使用了，所以每次可采购的数量与保管的数量就都受到了限制。

物理性的制约是通过提高能力、扩大空间等方法就能解决的制约条件。具体地说，将超出生产能力的部分向外部订货（外包），仓库不够则增加租赁数量等等。但是时间上的制约条件有时无法简单地解决。像法律与各种规章制度规定了保质期限与使用期限时，就无计可施了。

在 SCM 当中应该考虑各种制约条件并相应地调整需求。

供需计划中应注意的制约条件

由于存在制约条件，那么在无法满足顾客提出的需求时，应该如何调整计划呢？

SCM受制约条件的限制

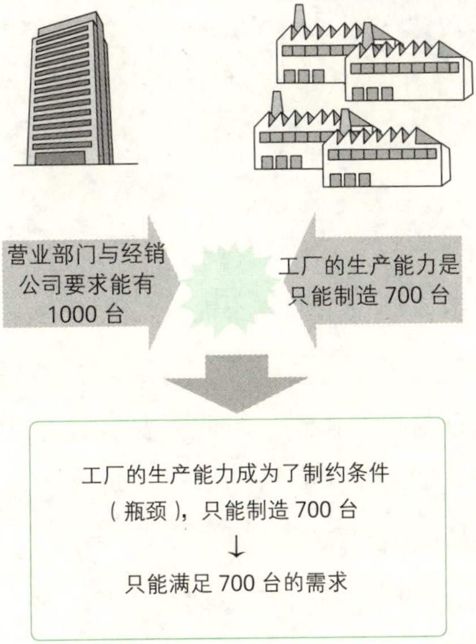
营业部门与经销公司要求能有1000台
工厂的生产能力是只能制造700台
工厂的生产能力成为了制约条件（瓶颈），只能制造700台
↓
只能满足700台的需求

＜制约条件的例子＞

- 物理性的制约
  生产能力（设备・人员・治具・工具・模具）、保证零部件数量、保证原材料数量、运输数量的上限、仓库等的保管数量的上限等
- 时间上的制约
  保质期限与使用期限等
- 法律上的制约
- 公司的方针、规定

＜在供需计划中考虑制约条件＞

	将生产与采购的供给回复视为制约	在一开始制订供需计划时就将制约条件考虑在内
优点	・责任明确 ・现场已确认（可以掌握制约的准确情况）	・事先提前进行计划
缺点	・回复供给需要花费时间	・责任不明确 ・难以确认现场情况（难以掌握制约的准确情况）

首先可以考虑上一节所介绍的思路，即将生产与采购的供给回复视为一种制约。该思路是在制订供需计划时，将工厂与采购部门进行的供给回复视为应注意的制约条件。该方法的优点是由管理制约条件的组织来调整制约、制订计划，所以计划的管理与责任分担十分明确。但是，其缺点是工厂和采购回复计划需要花费一定的时间，即要过一段时间才能发现实际是被制约条件所限制。

另外还有一种方法是在制订供需计划时从最初就将生产要求与采购要求的制约条件考虑在内。这种方法的优点是可以在制约条件的基础上迅速制订计划。而缺点是工厂与采购部门原本不是详细管理制约条件的组织，因此由该部门的员工来制订计划会造成准确度降低、职责与责任不明确等问题。

因此，在根据制约条件制订计划时，需要明确由谁负责制订计划。因为考虑制约条件与决定生产数量的决策是相同的。

4-7

分配问题由管理层判断

如何分配有限的库存

❖ 供给方的供给回复无法满足需求时

在供需计划中，负担最重的是供给方的供给回复不能满足需求时所做的“供需调整”业务。

供需调整的内容是争抢有限的库存与生产供给，因此需要认真地讨论。缺货会给顾客带来不便，而如果能够减少因缺货而导致的丢单情况的话，还能进一步接近目标销售额与目标利润。

需求方通常是营业部门与经销公司。通常情况下企业都会有大量营业部门与经销公司，或是许多海外经销公司与代理店，因此它们会争抢有限的供给数量。这会给销售额带来影响，所以在经营上也是重点讨论事项。

所以，在供给有限时，我们很难将分配计划交给一个部门或是一个负责人，因为没法调整利害关系。

由于制约条件或突发事项导致供给数量出现限制时，需要通过管理层的判断来决定分配给各组织的数量，以免系统或是单独负责人的处理使得结果暗箱化，或是使人们产生不公平的感觉。

❖ 公平分配能否实现

如何做到公平地分配是一个很难的问题，不同立场的人都会有不同的观点。

人们经常提到的方法有：对所有需求按比例平均分配的方法以及使各个据点达到同样的库存水平的分配方法。用业务的思维来思考时，会发现有时看上去似乎十分公平的方法实则不然。

供给分配的定义

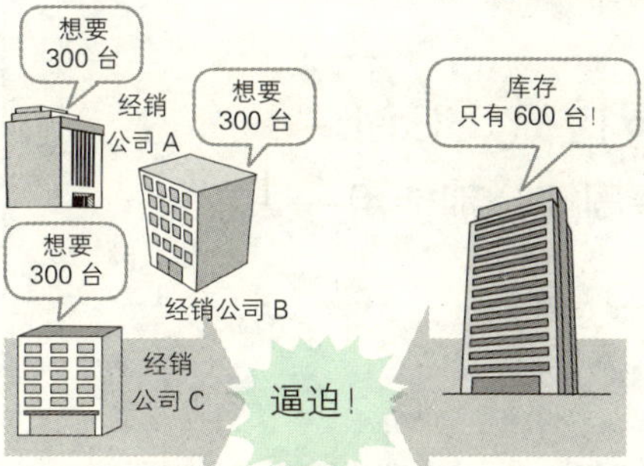
想要
300 台
经销
公司 A
想要
300 台
想要
300 台
经销公司 B
经销
公司 C
逼迫！
库存
只有 600 台！

无法满足经销公司总共要求的 900 台
↓
如何分配可以供给的 600 台？
↓
这一决定就是“供给分配”

< 公平的分配是指…… >

	对需求数量按比例分配	使各经销公司处于同一库存水平的分配
优点	回复现在所需要的要求数量	保证“商品数量”的标准简单易懂（而且可以解决需求多者多得的问题）
缺点	需求多者多得	忽视了供货量对每个经销公司的影响程度

数字上的公平是永远的课题

比起解决这一课题，更重要的是管理层在决策中应考虑将供应链的整体收益最大化，并且决定从长期来看应该将产品更多地分配至哪一市场、培养未来的市场。

比如，将需求按比例平均分配的情况。如果负责人或是经销公司比较狡猾的话，他们在知道供给不足时就会提出较大数量的需求。需求的数量越大，分配到的数量自然也就越多。也就是说，比起要求正常数量的诚实的负责人或是经销公司，他们可以分配到更多的数量。这样的话，诚实的负责人或是经销公司就会觉得不公平。

那么，使库存水平保持一致的方法又如何呢？这种方法就算某个负责人或是经销公司要求大量库存，但是总公司发现其比其他地方的库存要多时，就会限制其分配的数量。然而这一方法也会产生不公平感，因为该方法不管经销公司的规模大小对其一概而论，而缺货对不同规模的经销公司来说造成的影响等也是不同的。大的经销公司缺货几台只是总体数量的一小部分，而对于小的经销公司，就有可能失去一个客户公司。

像这样，业务方式与立场的不同会使人产生不公平感。因此，我们需要明确分配时的目标方针，最后由管理层进行判断并做出指示。

column

推式 SCM 与拉式 SCM

——根据产品的生命周期分别使用——

◆◆推式、拉式

一般来说，拉式业务是 SCM 的理想方式。拉式的思路是指根据需求进行生产与采购，随着需求变化消除因缺货而丢单的情况以及库存积压。

而推式被视为 SCM 以往的生产方法、销售方法。即大量生产、拼命销售的方法。随着社会发展得越来越成熟，推式业务被视为会造成大量库存积压、无法跟上需求变化的过时方式。

然而在电脑与高科技家电产品层出不穷、产品的生命周期变得很短时，又出现了还没来得及满足需求的变化销售就已经停止的情况。因此，一口气通过推式业务投入市场、售完即止的方法又再次出现了。

◆◆生命周期与推式、拉式

推式、拉式并不是从产品上市开始到结束销售为止一直固定不变的。我们需要进行随机应变地处理，如生命周期的初期是推式、畅销时期是拉式、调整供需时是供需平衡型，等等。

第5章

顺利推动 SCM 的生产计划

5-1 生产计划、MRP、制造指示的关系

注意每一步骤的制约条件

❖ MRP 与制造指示的定义

生产计划的概念十分广泛，有人将其视为为了生产所制订的计划，MRP 也包括在生产计划当中。

只不过，在 SCM 讨论中，需要为生产计划与 MRP（物料需求计划）做出明确的定义。一般来说，生产计划的定义涉及许多方面，在此仅将最终产品的完成计划称为生产计划。

MRP 是 Material Requirement Planning 的简称。其对象分为与最终产品的需求相关的“独立”需求品种和制造最终产品所必需的零部件与原材料等构成的“从属”需求品种。独立需求品种指电视机、汽车等这类可以作为商品上市的品种。从属需求品种则是指为了制造电视的液晶屏与框架、为了制造汽车的引擎、座位与方向盘等的各种零部件。

MRP 将独立需求品种视为生产计划中必须完成的数量，再从该数量展开计算从属需求品种。比如，1 辆汽车可展开为引擎 1 个、座位 4 个、方向盘 1 个。因为 MRP 会像这样计算必需的从属需求品种（物料）的数量，所以也被称为“物料需求量计算”。

独立需求品种的完成指示与由 MRP 展开的从属需求品种的制造指示一起构成了制造指示。

❖ 只计算数量是不够的

我们通过 MRP 计算出从属零部件的需求量，同时下达制造指示，但是实际上并不能够做到正好制造所需要的数量。我们需要检查是否有足够

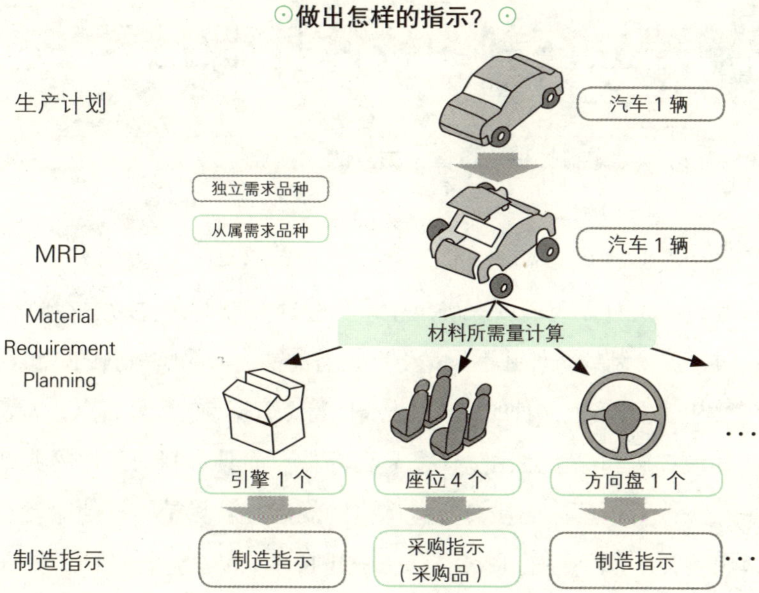
做出怎样的指示？
生产计划
汽车 1 辆
独立需求品种
从属需求品种
MRP
Material
Requirement
Planning
汽车 1 辆
材料所需量计算
引擎 1 个
座位 4 个
方向盘 1 个
…
制造指示
制造指示
采购指示
（采购品）
制造指示
…

的能力进行生产，如可供生产的设备空闲情况与作业人员，等等，同时还需要确定用于生产从属需求品种的零部件与材料的采购数量是否足够。

当我们描绘出各个步骤时，可以发现生产计划与制订完成独立需求品种的计划、通过 MRP 展开从属需求品种、检查各种制约条件、下达制造指示这些步骤都一环环地关联在一起。有时还会根据检查各种制约条件的时间制订小的日程计划，即以时间为单位制订制造顺序计划（参照本章第 4 节），同时进行制约条件的检查。

简单的制订生产计划就已经有这么多步骤了。因此，在构建 SCM 时讨论到生产计划这一词语的时候，需要确认其指的是哪一范围的业务。因为生产计划并没有全球统一的标准定义，其定义与认识会根据不同的公司而有所不同。

进一步而言，有时每个负责人提到生产计划时所指的内容也不尽相同。因此我们应该尽量使用生产计划、MRP、制造指示等各种概念中的关键词进行讨论。

5-2 建立在制约条件基础上的生产计划

必须考虑到品种·设备·据点的“特点”

❖ 使生产计划出现多样性的“特点”

在制订生产计划时需要在确定生产数量时将制约条件考虑在内。

不过，这一制约条件并不只是生产设备的能力与采购材料的数量，还包括许多内容。如产品品种的特点和设备的特点、据点的配置特点，等等。

比如说，医药品就是由于产品品种的特点而具有制约条件的典型例子之一。法律对医药品的质量有着严格的规定，就算是同样的原料，也不可以将生产时间不同的原料混合在一起制造产品。这样的话，如果需要 100 个产品但是原料只够制造 50 个的话，就只能先制造 50 个，等下次原料准备好时再制造剩下的 50 个。

在设备的特点方面，可以以炉子为例。我们可以一次性向炉中投入各种各样的品种，所以可以同时利用同一设备的能力。

大型设备在更换制造的品种时，需要进行长时间的准备工作，如更换附属设备、进行清洗，等等，而由人来进行装配的话，则具有可以马上更改品种等特点。在进行印刷或粉体的生产时，由于准备工作十分繁重，所以会统一集中在一起进行一次性地生产。

我们需要根据这些特点所决定的制约条件，制订合理的生产计划。

❖ 无法实行彻底的拉式生产的原因

也有许多公司将全部生产计划都以拉式方式制订，引进“只在必要的时间、制造必要的数量”的系统。如果公司拥有无限强大的设备能力，随时可以在想要的时间内生产想要的产品的话，这种方式自然是再

在制订生产计划时需要考虑到的"特点"

设备特点	·有炉子、罐子等定量型号（*1）的设备 ·需要长时间进行准备工作的设备 ·有多个倒梭的多槽（*2）设备　等等
制造特点	·需多次通过同一设备的产品 ·计划时间因作业的前后关系发生变化的产品 ·受作业人员能力影响的产品　等等
物理特点	·爆炸性、挥发性等物理稳定性低的产品 ·受气温、温度影响的产品 ·成品率非常低的产品　等等
法律特点	·批号 ·不允许混合污染（*3）的产品 ·制造量、时机受法律限制的产品　等等

*1 定量型号：每次的处理量固定后的型号。
*2 多槽：可以让机械一次进行多项作业。如多面加工中心等。
*3 混合污染：某类物质相互混合。

好不过了，但现实却并非如此。

如果频繁地更改制造品种，则一天中大部分的时间都用于准备工作了，完全无法满足生产量，这样 SCM 就没有意义了。因为谁也不可能有无限的巨大设备，所以必须考虑如何将设备有效地用于生产。

生产原本就需要花费一定的时间，而且制造部门的生产能力也是有限的，因此想要生产多种多样的品种，就需要决定在何处进行提前生产并设置存放库存的缓冲点。

如果是医药品的话，产品的中间形态即为药剂块，或是填充、包装前的库存；如果是复印机的油墨的话，则是装瓶前的粉块；机器的话则是半成品，等等。也就是说，这些都是解耦点，即根据最终产品的需求信息（订单等）设定生产前的事先库存重点（缓冲库存重点）。

我们可以根据经营战略来决定解耦点，也可以将处理制约条件的缓冲点作为解耦点。到解耦点为止均由预测与计划主导进行生产，并且列入库存当中。

5-3 MRP、制造指示需要符合特点

管理层在判断时应注意制约条件

MRP 的运行方法、制造指示的规则化

不要以拉式方式为所有工序制订计划，而应该在根据制约条件设定的缓冲点之前以计划为主导进行事先准备，这很重要。

此时，MRP 的运行方法、制造指示的下达方法也会在基于订单的业务中自然而然地显示出差异性。

对于提前生产的工序，需要基于提前期间的生产计划运行长期的 MRP。此时，最终工序所需要的数量只不过是模拟上的数量。另一方面，在从属需求品当中，事先作为缓冲库存进行提前生产的品种需要基于提前期间的生产计划进行 MRP 计算，并在制造指示中提出其所必需的数量。

上一节以制药业为例进行了介绍，药剂块必须一次性生产，且有不能混合的限制。而且是在容器槽罐里一起制造，所以必须提前下达药剂块的制造指示，并且进行提前生产。

如果这一药剂块不能满足最终产品所需生产数量的话，则应首先使用提前生产的批号，不够的部分则应使用其他批号制造新的药剂块。最终产品的制造指示也必须按照药剂块的批号而分开进行。根据产品的特点，MRP 与制造指示有时会变成像这样十分复杂的业务。

由管理层判断是否提前生产

下达制造指示意味着实际制造产品，这会给企业带来财务上的影响。此外，还会产生用于生产的零部件与原材料费用、仓库保管费、支

⊙ MRP 的运行方法中有时会出现多种形式⊙

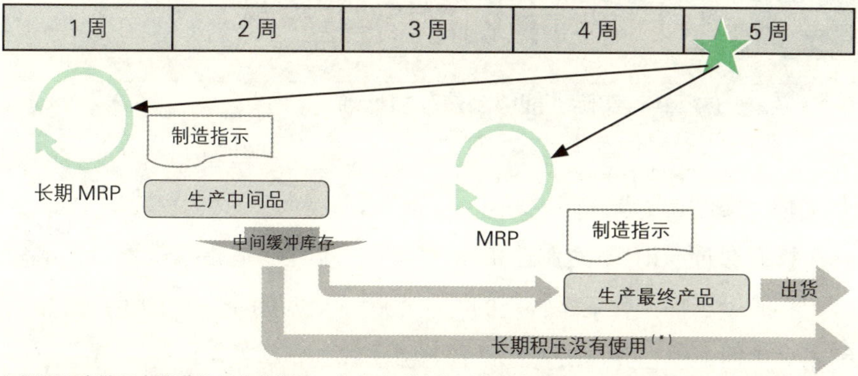
1 周
2 周
3 周
4 周
5 周
制造指示
长期 MRP
生产中间品
中间缓冲库存
MRP
制造指示
生产最终产品
出货
长期积压没有使用(*)

* 需要明确批示由谁进行最终的制造，如果有剩余的话由谁来负责。这是因为如果工厂是其他公司的话，会发生交易责任，而如果是自己公司的话，容易由于规定不够明确而互相推诿责任，或是每次都发生纠纷。

付工资等方面的费用。

如果是与订单及最终装配相关的生产的话，需要公司各大组织之间取得一致意见后下达正式的制造指示。但是，提前下达制造指示时根据的是未来的计划信息，并不能够保障实际的交易。

问题是如果提前生产的半成品库存没有被使用而剩余下来或是长期积压时，在此期间资金就都以库存形式被冻结了，那么应该由谁来对此负责。

总之，还是生产管理部长与厂长等管理层才能下达此类判断。提前生产的指示必须通过管理层的批准，如果只由某个负责人判断并下达提前生产的指示的话，之后可能会引起问题。

如果销售与工厂是属于同一公司的话，还可以想办法处理剩余的半成品库存。但是，如果工厂属于其他公司的话就非常麻烦了。此时生产的制约是委托其他公司进行生产，借用了其他公司的生产流水线，所以需要构建相应的管理体制。

5-4 小日程计划的定位

必须制订实际“能够制造”的计划

✣ 小日程计划的概念

我们通过 MRP 下达制造指示。但是，仅凭制造指示就可以完成所有产品的生产吗？答案是否定的。制造指示上写明了必要的生产数量与完成交货期，但是并没有考虑设备与流水线的负荷情况。

实际上，同一设备或流水线会制造许多品种的产品，所以制造指示太多的话，会造成争抢设备或流水线的现象。此外，虽然人们可以按照某一顺序来生产多种产品，但此时需要为设备或流水线进行“准备工作”，即更换附属设备、进行清洁等。我们必须考虑如何有效地使用设备的生产顺序，制订准备时间更少的计划。

像这样，为了最大限度地发挥有限的能力、按期交货而制订的生产顺序计划称为“小日程计划”。

✣ 准备工作也消耗时间

小日程计划是以时间为单位的计划。每 1 天的劳动时间是生产能力的上限，在该时间中可以生产的数量则是对其能力的消耗。为了计算消耗的时间，需要算出生产的标准时间，即制造 1 个生产品种需要花费多少时间。

比如说，每台需要花费 10 分钟装配的品种 A 如果制造 10 台的话会占有 100 分钟的设备，消耗其能力。如果设备 1 天运行 480 分钟（8 小时）的话，则剩余能力为 380 分钟。假设制造完 10 台 A 之后，再制造 10 台 B。我们假设 B 也同样每台需要花费 10 分钟。这样的话 B 与 A 一样消耗 100 分钟。那么，从 380 分钟中减去 100 分钟后，应该还剩下

⊙建立真正能够生产的计划⊙

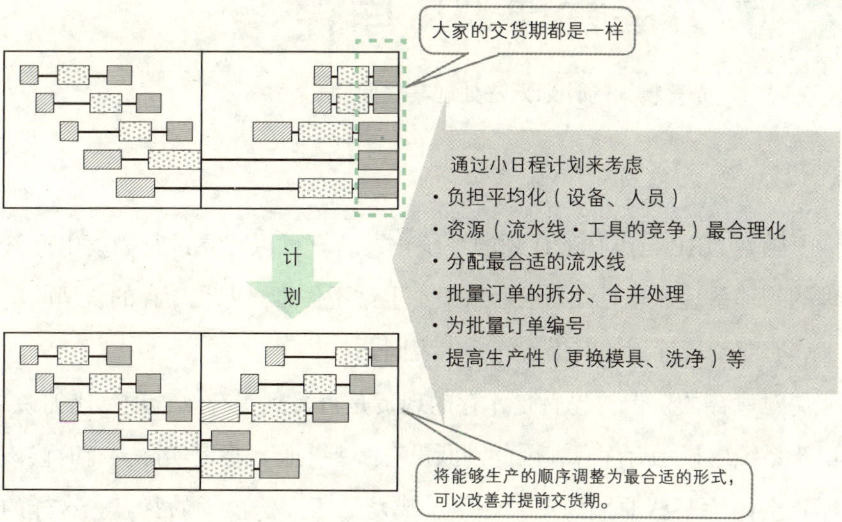
大家的交货期都是一样
通过小日程计划来考虑
·负担平均化（设备、人员）
·资源（流水线·工具的竞争）最合理化
·分配最合适的流水线
·批量订单的拆分、合并处理
·为批量订单编号
·提高生产性（更换模具、洗净）等
计划
将能够生产的顺序调整为最合适的形式，可以改善并提前交货期。

280分钟。但实际上剩不了那么多。因为生产从品种A换成品种B时，需要花费一定的准备时间。如果仅仅更换设备上的治具、工具与模具等就要花费40分钟的话，则运行时间就达到了240分钟。这样就消耗了4小时时间，1天已经过去了一半。

✣ 遵守交货期、制订效率最大化的小日程计划最为理想

在制订小日程计划时，必须要注意遵守交货期。最理想的情况是制订计划使设备和人在运行时间内发挥出最大限度的能力，不会被浪费。这并不是简单地通过计划顺序使准备时间最小化，而应该通过批量生产、有效利用可替代的设备等方法制订计划。

实际上，每个公司都有着复杂的制约条件。有时会由于争抢治具、工具与模具等特殊的附属设备，使得流水线空闲时却没办法生产。此外，只有特定的熟练工才能生产的品种则受到熟练工人数量的制约条件所限。因此，我们需要考虑到许多制约条件。

5 分层管理工厂库存

光凭精细的计划无法处理某些问题

首先要准确辨识库存

随着 MRP 与小日程计划的系统化，就算可以建立进行高度生产管理的管理系统，有时计划也会从根本上站不住脚。即在库存的认识问题上，有时制订计划的前提条件会出现问题。

对库存的辨识首先就是库存的现货是否得到了有效管理。比如说，由于系统中显示有库存，因此判断没有必要生产，但是实际上有时候该库存会因为某些原因而不存在了，或是处于无法出货的状态。这样的话，实际上本应该进行生产出货，但却没有做出这一计划。

还有相反的情况，实际拥有库存，但是人们并没有认识到其是可以使用的库存，系统也没有将其登载为可以使用的库存。这样该库存在计划中就是不存在的。这有时会导致人们制订原本不需要的生产计划与采购计划，使得库存增加。

实际上，像这种库存管理水平不够而出现问题的情况比比皆是。就算花费庞大的金额引进 SCM 系统，但如果系统所认为的可使用库存与实际可供使用的库存数量出现差异的话，仍有可能导致好不容易制订的计划却没法投入实践，之后还是需要人花费时间重新修订计划的情况。

如果不能准确地辨识可以使用的库存（可以出货的库存、可以投入生产线的库存），并将其反映于计划当中，则计划本身就不成立了。

准确定义可以使用的库存是哪些

至今为止许多公司在把握库存时，恐怕都是从会计系统中去看的

库存的分层管理为何如此重要

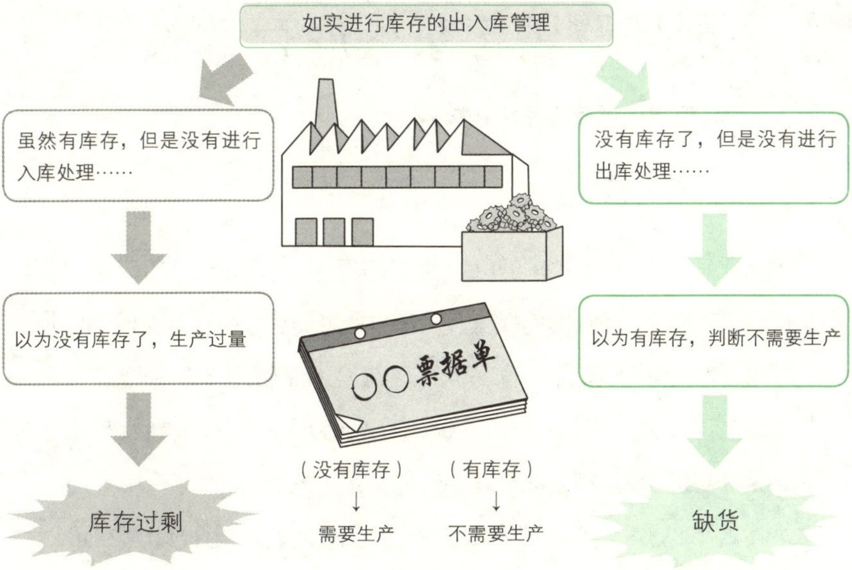
如实进行库存的出入库管理
虽然有库存，但是没有进行入库处理……
以为没有库存了，生产过量
库存过剩
没有库存了，但是没有进行出库处理……
以为有库存，判断不需要生产
缺货
○○票据单
（没有库存）
↓
需要生产
（有库存）
↓
不需要生产

吧。因为很多时候公司所承认的库存量即是可以掌握出纳情况的库存。这样的话，一般库存盘点最多只是每个月总结一次，其间对库存的出入库情况进行计算，得出临时库存，并不能够及时地掌握每周、每天的库存。为了核对计划中所使用的库存，计划负责人到处进行调查已是司空见惯的场景了。

一般来说，仓库与制造现场会通过仓库系统与制造实施系统来管理库存，这与会计学上的库存是不同的。这种库存的准确度更高，也可以及时地掌握情况，更适合用于制订计划。

不过，最重要的是弄清**可以使用的库存的定义**。工厂有时会把质量差的产品作为B级品，有时因为要等待检查所以停止出货，导致有些库存无法使用。因此如果不对可以使用的库存进行定义的话就会出现混乱。

5-6 现场改善与掌握库存的关系

与现货一样管理未来的库存

❖ 准确地掌握库存

就算准确地定义与掌握了可以使用的库存，但如果管理库存的现场管理水平不够的话，计划的前提就会从产生信息的源流阶段开始站不住脚。

因此，制造现场和仓库的现货管理与出入库管理十分重要。库存一出库就马上记录为出库，一入库就马上记录为入库。准确地管理出入库且在出货时与进货时立刻进行信息处理是最理想的。

尤其重要的是入库处理。因为不入库的话就不会被计算在可以使用的库存之内，所以尽管有库存，但是没法使用，或是系统无法利用信息，这样就会给计划带来障碍。另一方面，出库一般都是进行分配后再下达出库指示，所以只要准确分配的话，计划中可以使用的库存并不会消失，所以没有问题。

只不过，此时需要准确地进行分配管理。否则就会造成已经分配好库存、确定了发货地点后，人们还认为该库存可以使用。

❖ 合理进行工序管理、进度管理

当库存以可视化的形式发生移动，接下来只要进行出入库处理即可时，就属于现货管理的业务领域了，这个相信我们都很容易明白。但是，计划中的库存管理不光是现货，还需要对预定入库的未来库存进行合理的管理。

制订计划意味着比如说需要以下周预定入库的库存为基础，计算下

第6章

采购计划与供应商

1. 采购计划掌握了 QCD 的关键
2. 材料的采购计划成为制约
3. 如何重新审核采购计划?
4. 避免延期交货
5. JIT 与 VMI 的优缺点
6. 如何分担材料库存剩余的风险?

6-1 采购计划掌握了 QCD 的关键

与供应商的合作必不可少

❖ 采购掌握了 QCD 的关键

外部采购的零部件占据了制造成本的很大一部分金额，一般来说远远超过组装型制造业的产品成本中公司内部产生的附加价值。

可见产品已经高度发展到这一程度了，零部件本身也拥有极高的性能。受其影响，在一些行业当中零部件厂商拥有巨大的实力。计算机行业中的英特尔公司就是其代表性例子。

零部件的 Q：Quality（质量）、C：Cost（成本）和 D：Delivery（交货期）都是非常重要的因素。如果不能按时采购到零部件的话，就无法依照计划进行生产，因此会给顾客带来不便。

与产品库存一样，零部件库存也是库存削减的对象。由于采购价格高，所以这方面的工作更加受到关注。在改善工作如火如荼的制造现场，经常可以听到削减零部件库存的呼声。正因为如此，我们必须对采购零部件的交货期进行严格管理。

❖ 向供应商寻求合作

过去经常出现采购部门的 QCD 管理对供应商采取高压性领导的方针。但是随着产品的附加价值开始受到零部件的左右，供应商的力量越来越强，高压性领导的方针也不再适用了。因为生产高性能零部件的供应商通常都有丰富的客户资源，所以没有必要忍受不讲理的顾客。

为了将 QCD 维持在高水平，以合适的价格、合格的质量、合理的交货期将产品送达顾客，与供应商的合作是必不可少的。

⊙供应商是商业伙伴⊙

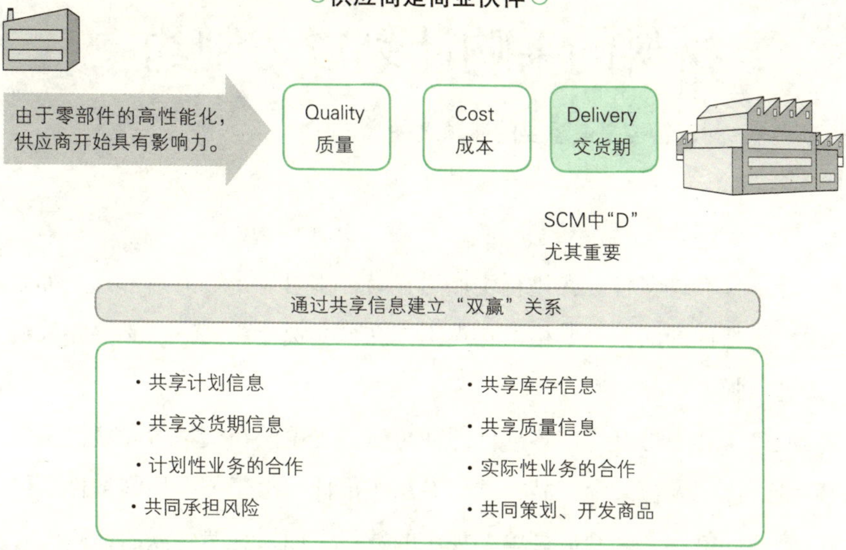
由于零部件的高性能化，
供应商开始具有影响力。
Quality
质量
Cost
成本
Delivery
交货期
SCM中“D”
尤其重要
通过共享信息建立“双赢”关系
·共享计划信息
·共享交货期信息
·计划性业务的合作
·共同承担风险
·共享库存信息
·共享质量信息
·实际性业务的合作
·共同策划、开发商品

供应商是商业伙伴

强制降低成本、为提高质量而施加压力、不讲道理地要求短时间交货等敌对性的措施现在已经不再适用了。供应商是保证业务成功的必不可少的存在。这样的话，一方获利一方受损的“赢输（Win–Loose）”关系无法维持长期、稳定的合作关系，必须构建**双方都能获利的“双赢（Win–Win）”关系**。

因此，我们需要在充分认识到“供应商是商业伙伴”的基础上构建双方关系。以SCM的观点来看，共享信息是理所应当的事情，业务流程上的紧密合作也十分重要。同时还需要在合同上保持协作，协商如何承担风险。

在SCM的观点中，应该与供应商共享的信息是指共享计划信息、库存信息、交货期信息、生产能力信息与质量信息。此外，业务流程的合作有计划性业务上的合作、实际性业务上的合作等。

6-2

材料的采购计划成为制约

材料管控是最重要的课题之一

管理有制约条件的零部件

零部件有许多种。在进行生产时，有许多可供采购的零部件。如果是通用零部件的话，只要稍微花点工夫在哪儿都能买到，没必要为采购而太过紧张了。

但是，其中也有一些零部件即使再费心也没法在交货阶段获得更多的数量。比如说与某个产品相关的专用零部件。由于是专用零部件，供应商接到订单后只会制造订单上规定的数量，如果突然急需的话则没有办法马上制造出来。这种情况下，无论如何都需要一定的生产前置期，而且由于专用零部件使用的是专用的原材料或是专用的模具，所以在采购原材料、准备模具等方面还需要进行一定的准备。

此外，即使是通用零部件，如果供应商的生产能力有限，或是市场上都在争夺这种通用零部件的话，也无法马上买到。比如说电脑的 CPU（中央处理器）、液晶屏和磁盘驱动器等高性能的零部件。

难以买到的零部件会成为生产数量的制约。如果在想要生产时不能保证必需的零部件数量的话，就无法依照交货期生产产品，结果就会造成由于缺货而没卖出商品的情况，给公司带来损失。因此，管理有制约条件的零部件是必不可少的重要业务。

与供应商在管理有制约条件的零部件方面进行合作

想要稳定地采购到专用零部件与通用零部件，如果只是简单地订货收货，从 SCM 的业务层面来看是完全不够的。

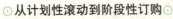

⊙从计划性滚动到阶段性订购⊙

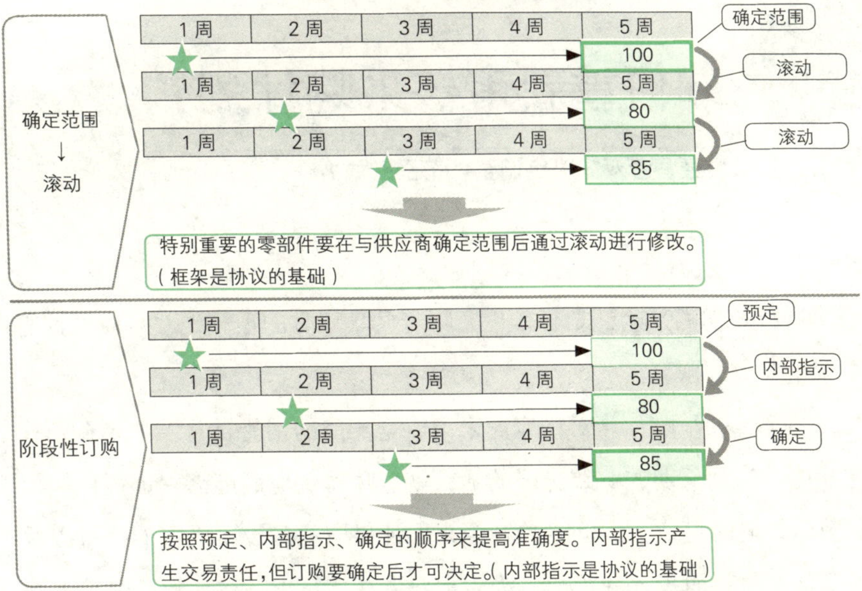
确定范围
↓
滚动
1 周
2 周
3 周
4 周
5 周
100
80
85
确定范围
滚动
滚动
特别重要的零部件要在与供应商确定范围后通过滚动进行修改。（框架是协议的基础）
阶段性订购
预定
内部指示
确定
按照预定、内部指示、确定的顺序来提高准确度。内部指示产生交易责任，但订购要确定后才可决定。（内部指示是协议的基础）

如果是专用零部件的话，有时从订货到收货会有很长的前置期。如果是几个月前的订单的话，那么在实际生产时即使要求增加产量也无法做到。相反，就算销售额比预计中要低，不再需要那么多零部件了，也必须全单照收之前订购的数量。

为了避免出现这一情况，应该尽量在离生产时间较近的时候才订货，在此之前公开采购计划，每月、每周进行重新审核，对必要的增减数量进行微调，并且避免突然大量追加或是取消采购量的情况。

重新审核称为**计划性滚动**；共享计划、中途公开预定与内部指示、在临近正式生产之前订货的方式称为**阶段性订购**。通过共享采购计划信息、滚动式进行阶段性订购能够应对变动。

该方法在与生产高性能通用零部件的供应商进行合作时也同样适用。从商品策划、双方制定预算的阶段开始交换信息，从长期的采购计划开始进行共享，并且共享中途销售出现变动后进行调整的采购计划的滚动结果，对订货、交货数量进行调整。

6-3 如何重新审核采购计划？

由经营者双方决定调整“范围”的方法

采购计划的合作也是预算的合作

进行长期的采购计划合作也意味着共享双方的预算，并且应根据需要调整双方的预算。

零部件的采购预算对供应商来说就是产品的销售预算。如果在预算方面能够达到长期的一致协议的话，就意味着供应商能够保证提供协议的数量，同时订货方以购买的行为来保证供应商为设备进行的投资以及为确保原材料而投入的资金。为表示双方在预算上达成一致，经营者双方会交换协议文件。

达成一致的预算数值即零部件的“采购范围”、“供应范围”。

重新审核范围、计划性滚动

从实际生产与销售开始后，需对上述“采购范围”、“供给范围”的计划进行多次审核，范围本身会发生变更。

预算是长期的计划，所以随着逐渐接近实际的销售时期、生产时期，需要多次对其进行重新审核、滚动，这样才能提高必需零部件数量的计划精确度。有时在每月的审核中不得不对当初的预算进行重新审核，这点也需要得到经营者双方的同意。

3 阶段订购

还有一种方法叫做 3 阶段订购。即根据采购的时期分为“预定”、“内部指示”、“确定”3 个阶段。

⊙ 3 阶段订购中的沟通 ⊙

订货“预定”	· 只是预定信息、不产生交易责任 · 供应商的生产具有风险的时期 · 不过，生产前需要购买采购前置期长的专用原材料时的交易则具体情况具体分析。
订货“内部指示”	· 为了保证在确定订货时进行采购的信息 · 产生交易责任 ·数量有时会比“预定”数额增加或减少（需要制定规定）
“确定”订货	· 确定订货，在此基础上交货 · 数量有时会比“交货”额增加或减少（需要制定规定）

“预定”是指较远的未来的采购计划，这阶段所给出的采购数量可视为参考信息。其时间跨度根据公司的情况而有所不同，有 2 个月后的计划、3 个月后的计划，等等。如果在此阶段供应商没有经过事先同意就生产产品的话，订货者无需承担交易的责任。不过，如果供应商必须事先购买原材料，而且该原材料的专用性很强时，有时需要先签订只交易原材料金额的合同。

“内部指示”是产生交易责任的预定信息。虽然还不是正式订货，但是如果供应商能力不足时，可容许其提前进行生产。为了确定采购，也需要容许提前生产，并且产生交易责任。

“确定”就是字面意思——确定订货。包括内部指示的交易与新确定的生产委托。到此阶段，供应商已不容许缺货或延迟交货期。

按照“预定”→“内部指示”→“确定”的顺序推进，“预定”→“内部指示”中 ±20%、“内部指示”→“确定”中 ±10% 的变更幅度有时能够得到认可，但是从现实情况来看，实际应用还是十分困难。

6-4 避免延期交货

比起因为缺货而没卖出商品，更可怕的是信用问题

✣ 大家都想要减少库存

由于产品、商品的生命周期变短，消费者的爱好变得越来越变化无常，持有大量库存的风险也在逐渐提高。因此，供应链上的各个公司都在尽量降低库存，“在必要的场所、必要的时间、以必要的数量采购必要的产品”，避免缺货并且不降低服务水平。

为了持续满足顾客苛刻的要求，严格遵守交货期是绝对的条件。只有能够严格地遵守交货期，才能放心地减少库存。这是因为如果订货后可以做到按期交货的话，就只需要考虑并持有在此期间存在缺货风险的商品数量即可，不需要再预留不知何时才能到货的安全富余部分（“安心”的库存量）。这样就可以减少这部分的安全库存。

✣ 延期交货是致命的

延期交货是很大的问题。顾客原以为能够买到但却买不到时，会非常地不满意。缺货与丢单有直接关联。

如果只是一时的机会损失的话还可以容忍，但有些商品还有可能给客户留下“不讲信用、无法遵守交货期的公司”之类的印象，对公司造成长期影响。

✣ 避免延期交货的对策

为了避免延期交货，确保及时地采购、交货，有几个方面的对策。比如说上节提到的从预算开始便协商一致设定“范围”的“确定范围”

⊙在 PDCA 所有阶段管理交货期⊙

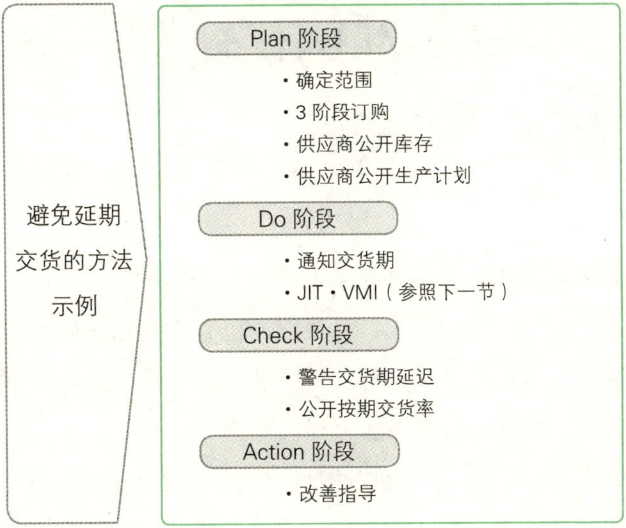
避免延期交货的方法示例
Plan 阶段
· 确定范围
· 3 阶段订购
· 供应商公开库存
· 供应商公开生产计划
Do 阶段
· 通知交货期
· JIT · VMI（参照下一节）
Check 阶段
· 警告交货期延迟
· 公开按期交货率
Action 阶段
· 改善指导

的方法与 3 阶段订购，等等。有些采购部还会在交货期临近时进行交货期的“通知”，提醒注意交货期限。

从长期来看，还有公开“按期交货率”、促进供应商改善的方法。其结果可以反馈供应商是否严格遵守了交货期。较为常见的是通过排行榜对供应商延期交货情况进行公布的方法。被公布公司名称的供应商会觉得这是非常不光彩的事情，从而促使其自主地促进改善。

如果供应商依然无法改善的话，则由采购部指导其改善交货期。这就要求采购部拥有一定的改善知识与经验。

当然，有时自己公司在订货方面也有问题。比如说不顾前置期进行订货，或是自己公司的采购计划精确度太低，提出不合理的订货需求等。此时应该诚恳地改善自己公司的业务。

在 SCM 的 QCD 中，D（Delivery= 配送）是最为重要的。延迟交货期会使 D 变差，降低 SCM 的质量。无论如何我们都要避免延期交货的情况出现。

6-5 JIT 与 VMI 的优缺点

谁应对减少库存风险负责？

JIT 的定义

JIT（Just in Time）是“在必要的场所、必要的时间、以必要的数量供应必要的产品”的终极形式。其最终的落脚点是根据向顾客配送的时间，及时地将最终装配、零部件到货、装配零部件、采购原材料建立联系并使其同步，消除一切积压的库存。

在汽车行业，JIT 已经发展得相当成熟了。众所周知，2007 年 7 月，由于新潟县中越海面地震导致汽车零部件厂商的工厂停止运转，当时几乎所有的汽车厂商都停止了生产。

但是，并非所有零部件厂商都可以与销售及最终装配厂商同步生产。实际上，就算是 JIT，最终装配厂商也需要公开提供预定信息与内部指示信息。

对无法与销售及最终装配厂商同步生产的厂商来说，为了应对 JIT，就只能进行事先生产。其仓库设置于最终装配厂商附近，根据出货指示（公告板或是确定订单等）运出库存。

在这类事例当中，只有推进了 JIT 的最终装配厂商才能保持极少的库存，而无法应对 JIT 的厂商依然持有大量库存。

如果事先公开预定信息与内部指示信息的话还好一点，可是仍有一些厂商不公开此类信息就强制实施 JIT。在这种情况下，零部件厂商在准备库存时必须由自己承担预测的风险。由于 JIT 不容许出现缺货的情况，所以要求持有大量库存。此时会加大零部件厂商的负担，因此最终装配厂商应该提高业务水平，至少应该做到公开预定信息。

⊙ JIT 与 VMI 的结构⊙

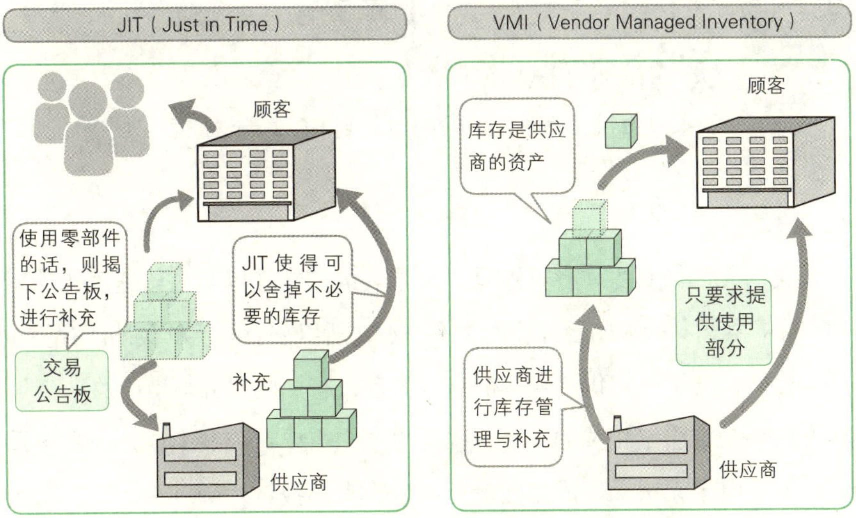
JIT（Just in Time）
顾客
使用零部件的话，则揭下公告板，进行补充
交易公告板
JIT使得可以舍掉不必要的库存
补充
供应商
VMI（Vendor Managed Inventory）
顾客
库存是供应商的资产
只要求提供使用部分
供应商进行库存管理与补充
供应商

✣ VMI

VMI（Vendor Managed Inventory）的方法与 JIT 类似。VMI 将补充 VMI 仓库视为供应商（Vendor）的责任，其要求由供应商持有不会导致缺货的库存，迅速向顾客进行供给，且只要求供给使用量的部分。对顾客方来说，由于到实际接受供给并进行使用为止库存都不是由自己公司保管的，所以可以将库存资产保持在外部，自己不持有库存。顾客从中可以获利，而由供应商来负担这部分风险。

这种方法在日本叫做**"水龙头仓库方式"**等，由于存在很大问题而被人们敬而远之。

但是，戴尔采用这种方式在自己公司工厂周边建立供应商的仓库（又称为**旋转式仓库**），发挥出了无与伦比的优势，自此开始这种方式重新受到了人们的关注。欧美还对 VMI 方法进行了改良，VMI 也可以事先共享计划信息，以内部指示等形式提供信息，根据需要买进等，其方法逐渐得到了发展。

6

6 如何分担材料库存剩余的风险？

如果只由供应商承担风险的话，则 SCM 无法成立

✣ 零库存是不可能做到的

我们无法做到零库存。这是因为顾客的需求速度与供给速度（计划+采购+生产+配送的合计速度）不一致，所以需要一定的缓冲库存。

此外，为了能够供给顾客需求的数量，有一些“必须生产的库存”。其中之一是与质量相关的库存，因为生产中需要对成品率或是次品率采取对策。由于无法保证成品数量正好是需求的数量，所以在生产时需要考虑到失败部分的数量。

还有一种是考虑到数量会随着时间发生变化而为此准备的库存。比如说，考虑到每周只有 1 次运输有可能会因为事故或天气而导致配送失败时，为了保证安全生产，必须持有相应的库存。

SCM 的关键是在思考如何与供应商进行业务合作的基础上，决定如何处理最终积压的库存。SCM 中与供应商的合作方法有许多，如共享计划信息、确定范围、3 阶段订购、JIT、VMI 等，但是单纯只在业务上进行合作的话，无法获得供应商的协助。

这是因为很多时候如果不采取一定的措施减轻供应商方面的负担，或是由订货方来负担的话，就容易导致重大责任负担全部落在供应商一方。

✣ 与供应商的合作伙伴关系

向供应商尽量压低采购成本的时代已经结束了。供应商是必不可少的合作伙伴，而向合作伙伴单方面地施加负担并不是合作的本意。

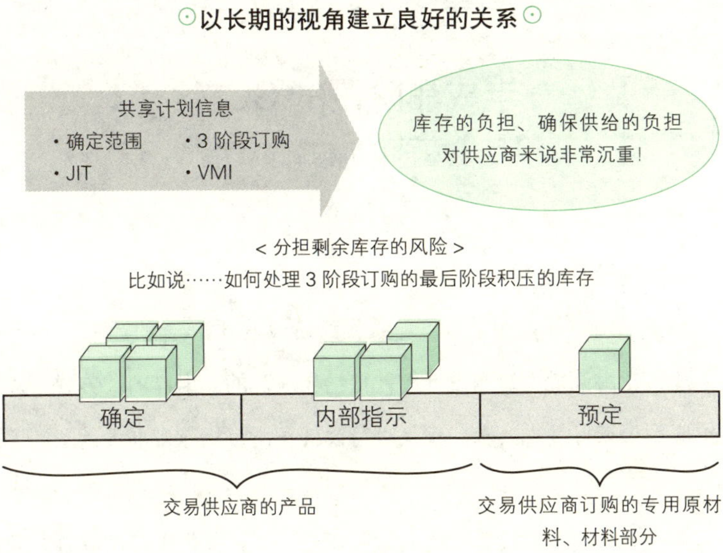
以长期的视角建立良好的关系
共享计划信息
·确定范围
·3 阶段订购
·JIT
·VMI
库存的负担、确保供给的负担
对供应商来说非常沉重！
< 分担剩余库存的风险 >
比如说……如何处理 3 阶段订购的最后阶段积压的库存
确定
内部指示
预定
交易供应商的产品
交易供应商订购的专用原材料、材料部分

最大的负担恐怕要数库存的相关成本了。除了特殊设备的需求等情况以外，供应商还是可以负担得起仓库费等维持库存变动的成本的。但是，尚未使用的剩余库存以及处理这些库存的成本则不能单方面地强加给供应商。因为供货商是根据订货方提供的规格与需求数量准备库存的，所以订货方应该与供货商共同分担负担。

共享计划信息

SCM 的目标是准确的采购—供给。因此，需要根据时间轴向供应商共享计划信息，使供应商能够有时间进行准备。3 阶段订购中的预定—内部指示—确定与 JIT、VMI 的计划与到货指示等，每个阶段都有计划及订货的信息。

如果供应商一直根据计划信息进行生产，当最后出现库存剩余且有可能会成为供应商的负担时，订货方应该根据情况主动决定己方负担的费用，使供应商也能安心进行交易。

column

半成品阶段的 SCM

——与供应商的战略性合作——

◆◆ 共同设计、试制

关于专用零部件的采购，应从设计阶段就开始与供应商进行合作。其方法包括由订货方绘制设计图并借给供应商的“出借图”方式，以及由供应商根据订货方要求的规格进行设计，由订货方批准设计图的“批准图”方式，等等。

之后加入制造设计等，进入试制环节，保证提供生产试制阶段的材料供给量。这一阶段的采购在某种意义上也可以称为开发阶段的 SCM，不过这种采购没有需求变化，准备零部件库存的风险由订货方承担。

◆◆ 模具的所有权是谁的?

在制造零部件时，供应商需要一些必要的设备。虽然设备本身也是问题之一，但问题最多的是模具。我们需要确定模具是由供应商自己负担，还是进行借贷。

◆◆ 从开发阶段开始进行 SCM 合作

接着进入试制量产化阶段。虽然这阶段也属于试制，但是该阶段生产的产品有时也会出售。该阶段已经属于 SCM 的对象领域了。但是，产品处于半成品时的 SCM 属于特殊情况，此阶段仍为计划性的库存计划、生产计划、采购计划。

第 7 章

实际性业务的速度会产生竞争优势

1 提高接单—出货的速度
2 通过优先出货的规章化进一步提高速度
3 提高补充库存的速度与精确度的方法
4 运送频率的最佳程度
5 有效利用物流追踪
6 为什么要追求可追踪性?
7 RFID 能否超越条形码

7-1 提高接单—出货的速度

对业务流程实施改善、标准化、自动化等的方法

关键是缩短接单—出货—交货的业务流程

顾客是性急的，他们想要尽快买到商品。就算现在可以网络购物，零售业也不会消失。原因有许多，如零售行业商品种类多、可以一站式购物、可以边逛街边购物，等等，而零售业不会消失的最重要原因之一是即时性。当场购买就能当场拿到。这或许可谓是其最大的服务优势。

在零售业中，接受订单、销售商品、交货是同时发生的。除了零售业以外，其他行业接受订单后会产生出货—交货的活动。由于每个行业的情况都有所不同，因此这一接受订单—出货—交货的时间跨度从几个小时到几个月不等。向零售业补充商品等行业的时间跨度短，而通过船舶运输海外订购的产品时，或是接受订单后需要进行设计并组装产品时，这一时间会非常长。

人们或许会认为同一行业接单—出货—交货的时间会相同，但实际上却不然。该时间跨度会根据公司的业务形式出现差异。

第 1 章第 7 节中列举的 A 公司，其消耗品的接单—出货—交货的平均时间是 2 ~ 3 天。而竞争对手公司则达到 24 小时以内。所以 A 公司所处局面对其十分不利，一直比不过生产 A 公司代替产品的第三方公司。

前文将如何缩短接单—出货—交货的时间作为库存配置的问题、订单截止时间的问题进行了介绍，而另一个问题则是如何提高接单—出货的业务速度。

通过 BPR 提高业务流程的速度

业务流程本身是可以根据 BPR（Business Process Re-engineering）

⊙顾客希望“尽快”买到⊙

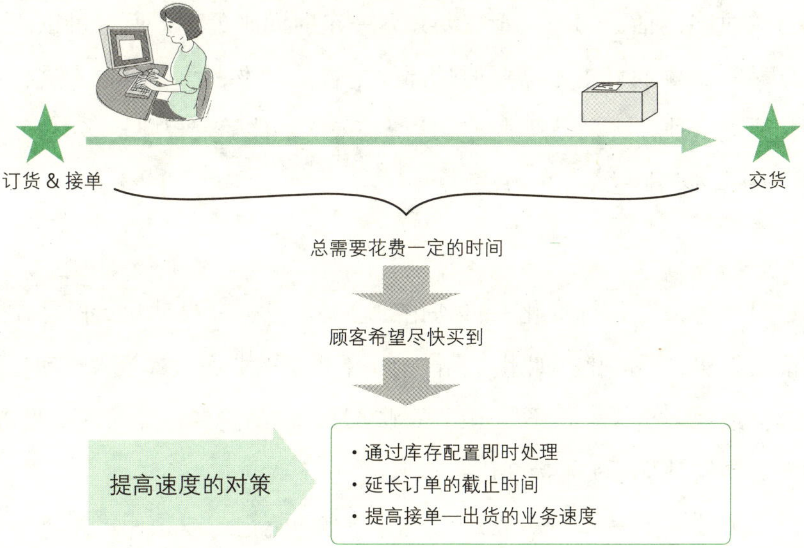
订货 & 接单
交货
总需要花费一定的时间
顾客希望尽快买到
提高速度的对策
· 通过库存配置即时处理
· 延长订单的截止时间
· 提高接单—出货的业务速度

进行改变，从而提高速度的。

接单流程的典型例子即：接受订单、确认订货（订单票据）、确认顾客及其信用、出库（拣选）、打包、出货、请款处理。各项业务均需要进行详细的检查与判断，花费的时间长得出乎人们意料。如何缩短该流程就属于接单流程的课题。

有一种捷径是将当前的业务流程可视化并进行分析。不过，我们不能轻易地随便缩短时间，因此可以从几个角度进行考虑。其中之一是名为 IE（Industrial Engineering）的作业改善思路，以 ECRS（E：Eliminate= 能否减去？ C：Combine= 能否同时进行？ R：Re-Order= 能否改变顺序？ S：Simplify= 能否简化？）为参考，来观察流程。

该概念中从 E 到 S 的顺序也有一定的意义。如果是可以减去的业务步骤的话，则直接减去就不用考虑其他事项了。如果无法减去的话，再依次思考能否同时进行、能否改变顺序、能否简化，这就是 ECRS 的思路。

比如说接受订单时批准订单的业务以前全部交给部门长来处理。如果订单过多的话，部门主管需要花费一定时间来处理，所以可以规定低于某一金额的订单不需要通过部门主管的批准，而由负责人进行处理，通过这种方法来提高速度。这便是采取了伴随着权限转移的E（E：Eliminate=能否减去？）的方法。

✣ 通过标准化—自动化、改善作业提高速度

另一种方法是标准化—自动化的思路。目标是自动化，但是在此之前要先实施标准化。如果将零散的、不系统的业务方式投入自动化的话，会造成多重投资，不知道到底哪项是正确的选择，陷入混乱当中。因此需要先对业务实施标准化。

比如说，商品账册一般是个人所持有的笔记，或是代代相传的手账，等等。用其寻找商品、多次计算价格的话需要花费一定的时间。有时负责人休息时，就弄不清楚哪个是哪个了，这样会产生混乱。将个人持有的账目等标准化，规定将其制定为通用账册，通过这种方法可以让任何人来负责业务时都能获得同样的结果，业务的质量也能够变得平均化。之后再通过系统等实施自动化。系统化也只要构建一个标准形式即可。

接单—出货除了这类间接业务以外，还要考虑如何迅速地进行出货作业的课题。改善仓库中货品的保管方法、为改善拣选工作而优化“动线”、为有效地提高拣选效率而改变拣选顺序、改善票据、简化打包包装工序、不打包而装在托盘上出货，等等，通过这些方式踏实地积累效果。

此外，作业人员的熟练度也是重要的问题，教育培训是必不可少的一部分，同时还可以采取促进作业人员提高效率的计件制评价形式等刺激性的考评制度，进一步促进改善活动。

改善接单—出货流程

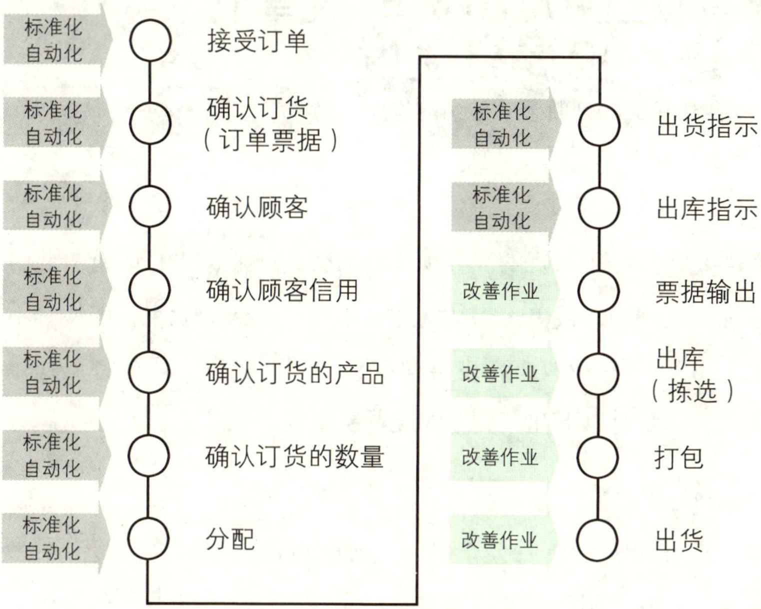
标准化 自动化
接受订单
标准化 自动化
确认订货（订单票据）
标准化 自动化
确认顾客
标准化 自动化
确认顾客信用
标准化 自动化
确认订货的产品
标准化 自动化
确认订货的数量
标准化 自动化
分配
标准化 自动化
出货指示
标准化 自动化
出库指示
改善作业
票据输出
改善作业
出库（拣选）
改善作业
打包
改善作业
出货

通过将标准化—自动化、改善作业相结合的方法，不断提高速度

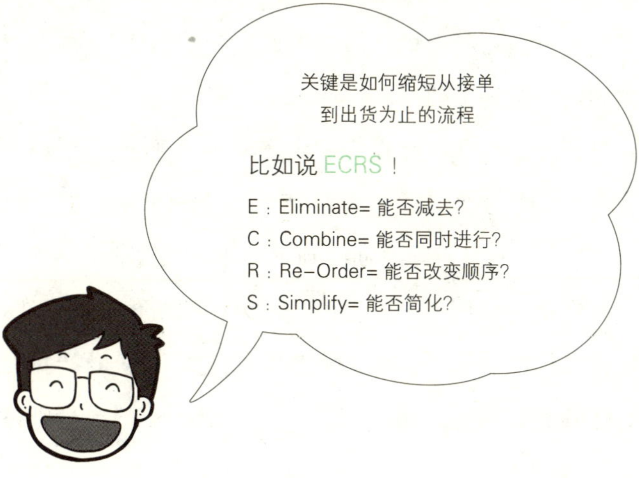
关键是如何缩短从接单
到出货为止的流程
比如说 ECRS！
E：Eliminate= 能否减去?
C：Combine= 能否同时进行?
R：Re-Order= 能否改变顺序?
S：Simplify= 能否简化?

7-2 通过优先出货的规章化进一步提高速度

通过机械的判断节省多余的作业

✣ 光凭改善作业无法提高接单—出货的速度

我们需要将接单—出货的流程视为自己公司的业务进行改革。此时需要的是规章化。如果接单—出货的业务不符合高效的规定，即使好不容易采取了 BPR 与作业改善，也会像在新干线的轨道上运行特慢列车一样。我们有必要对以下几大典型的课题制定规章。

✣ 应该怎样出货?

有些企业在接受订单后会花费一定时间讨论应该怎样出货。典型的例子是制药厂商。制药厂商的制造批号是建立在生产年月日的基础上的。从商业习惯上来说，如果向 A 顾客出货了某批号的产品的话，就无法向该顾客提供比这一批号更早的产品了。在接受订单之际，有时会因为确认上次供应的批号、检查不要提供更早的批号而忙得不可开交。而实际上只需要简单地从最早的产品开始出货，确定“先到先出”的形式并制定相关规定即可。

此外，有些产品在完成生产时会出现质量差异。有些公司会给产品分为 A 级、B 级，并且花时间与销售部门商量“应该向顾客提供什么样的产品”。如果不同时期收到不同质量的商品的话，顾客也会心生怀疑。

在这一事例当中，应该规定为哪类顾客提供 A 级产品、为哪类顾客提供 B 级产品等，迅速进行处理。不过，是公开产品质量差异、根据质量好坏来决定不同的价格，还是不公开差异，其选择则在于公司的判断了。

⊙不临时判断、提高速度⊙

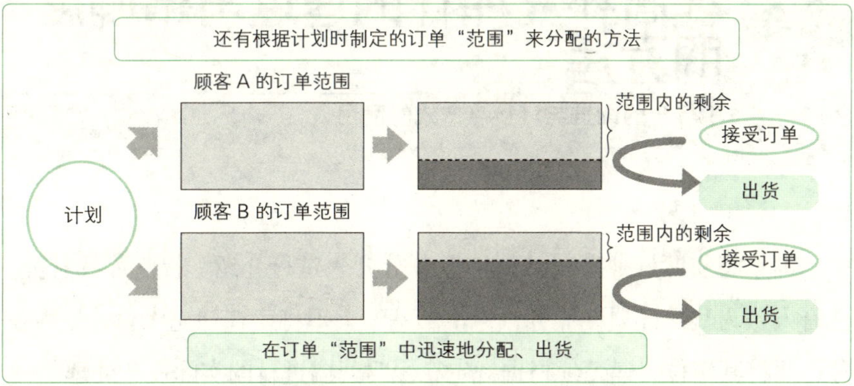
还有根据计划时制定的订单"范围"来分配的方法
计划
顾客 A 的订单范围
顾客 B 的订单范围
范围内的剩余
接受订单
出货
范围内的剩余
接受订单
出货
在订单"范围"中迅速地分配、出货

（出货时需要花费工夫的事例）

- 绝对不容许弄反出货批号
- 制定先入先出的义务・规定
- 库存有一定的等级，需要进行分选
- 根据不同顾客对有可能出货的产品进行质量区分

❖ 接单—分配的纠纷

生活中经常会出现接受订单后却迟迟没有出货而产生纠纷的事例。正如第 4 章第 7 节所介绍的计划阶段的分配这一内容的接受订单阶段版。

我们要保证在接受订单的阶段基本上不会出现争抢的情况。由于商业上的判断无法短时间内决定，所以应该将计划阶段确定的分配标准制定为"范围"，为分配方法制定规定，或是选择简单的先到先得原则。

写起来很简单，但是令人意外的是，接受订单后分配出货的问题有着根深蒂固的难点。无论人们如何一次次地深入讨论，也只有先到先得和建立订单分配的"范围"这两种方法了。库存充裕的话则采用先到先得的形式，库存不足的话则根据计划"分配"来准备订单的分配"范围"。究竟选择哪种方法，不应该由负责人来决定，而需要管理层加入进行判断。无论如何，在接单—出货时，如果每次都要进行判断工作的话会花费一定的时间。为了进行迅速的处理，应该由公司制定好一般规定，提高处理的速度。

7-3 提高补充库存的速度与精确度的方法

中转仓的配置与订货点方式的活用

目标是迅速进行补充

本章将实际性业务与计划性业务分开来进行介绍。提起库存补充，也有人认为其是计划性业务，但本书基本上不将库存补充作为计划性业务，而将其定位为谨慎地根据规定在短时间内进行的实际业务处理。

不少公司都是由各营业所与仓库负责人来决定应该补货的数量。而且大多数情况都是由于负责人需要处理的此类业务数量太多，导致业务停滞不前。

将业务交给个人处理时，可以通过许多方法补充库存。比如：简单地每次补充订购一定数量；只在缺货发生时补货；库存临近为零时补充订购；在达到特定的低库存量时，统一补充订购到某一数量；通过表格计算软件输入未来的出货预测，在库存达到0之前事先补充订购，等等。

但是，库存补充应该在某个地点设置中转仓作为缓冲，使得各个发货仓不会缺货。只要设立了中转仓的话，就没有必要各个据点都花费人手详细地确定补货数量了。

补充业务的简单化

接受补货的发货仓原本就不是库存的保管据点，而是为了迅速送达顾客才设置的。其在配置、设计业务时，必须做到可以在短周期内补充库存。

因此，如果在拥有这些功能的发货仓实施详细的补货业务的话，反而会花费时间，造成本末倒置的结果。发货仓通过“订货点方式”来管理库存的补充方法就完全足够了。

⊙不要花太多功夫在发货仓补货上⊙

按层次分类

前置期	频率
马上	多
2–4 小时	少
2–4 小时	多
8–24 小时	少
8–24 小时	多
超过 24 小时	少

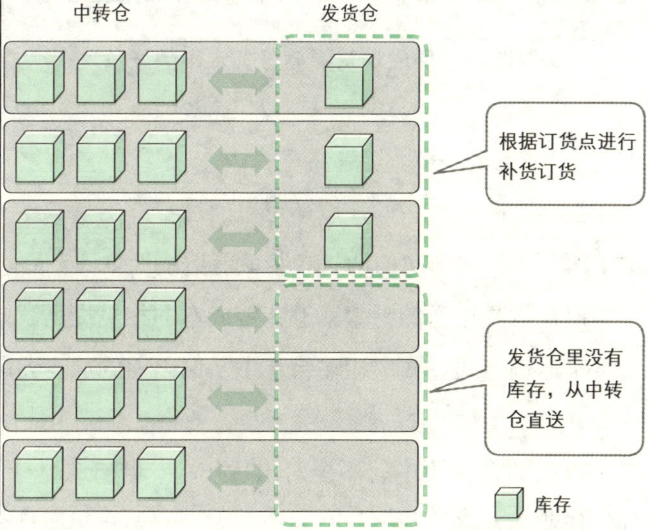
中转仓
发货仓
根据订货点进行补货订货
发货仓里没有库存，从中转仓直送
库存

“订货点方式”是一种简单的方法，即库存数量少于某一数值时，就计算需补充的数量并订货。订货点也可以用简单的方法来确定。只要确定各品种库存减少了多少就需订货即可。

订货点只需要补充前置期的量就足够了。比如说，如果 1 天可以送到的话，则补充 1 天的量就够了，或者再减少一些，半天的量也足够了。补充数量为 1 天的量的原因是如果需补充的数量 1 天就能送达的话，就没有必要持有大量的安全库存。如果还是觉得不够的话，准备“补充前置期的量 + 安全富余的量”就可以了。

如果补充是 2 天 1 次、3 天 1 次，或是 1 周 1 次的话，则订货点、补充数量也需要相应的天数的分量。不过，如果紧急出货 1 天就能送达的话，则同样没必要准备太多的安全库存。用简单的标准与简单的计算，简单、迅速地进行补充就完全足够了。

7-4

运送频率的最佳程度

消除增加成本与提高服务水平的矛盾

✣ 速度即是服务，但需要花费成本

提高向顾客配送的速度还可以通过提高运送频率来实现。以前 1 天送 1 次，现在送 2 次的话，顾客就能更快地拿到产品。

但是提高运送的频率就意味着成本的相应提高。同样数量的货品通过 1 次运输与通过 2 次运输会产生 2 倍以上的成本差距。分成 2 次运输的话，每次运输的货品量就会变小，效率也会变低。

数量的多少原本就不会对出货作业、装载作业、驾驶、卸载作业、到货作业等花费的劳力与时间造成太大的差异。而且还有可能导致卡车装载效率变低。如果换用小卡车的话还好，可若仍使用同一辆卡车而只减少装载数量的话，光是从运输效率方面来考虑也会造成浪费。

这点对海外运输来说也是一样的。如果将用轮船每月运输 1 次变成运输 2 次的话，就会提高成本。不过通过集装箱运输时，如果将多个集装箱装在满载的轮船上运输的话，或许也可以装在不同的轮船上进行分散运输。空运也和船运一样，增加运输次数的话就会相应地提高成本。

在考虑通过增加运送频率来提高服务水平时，需要面对的问题是增加的成本可以抵消至哪一地步。

✣ 预计能否获得弥补成本增加的服务与盈利

一般来说，提高配送的频率会增加相当大的成本，但是如果能预见通过该方法获得的利润比增加的成本要高的话，则可以实施。

然而，有时即使提高了服务水平，也无法增加销售额与利润。比

⊙高频率化与顾客满意度相关……⊙

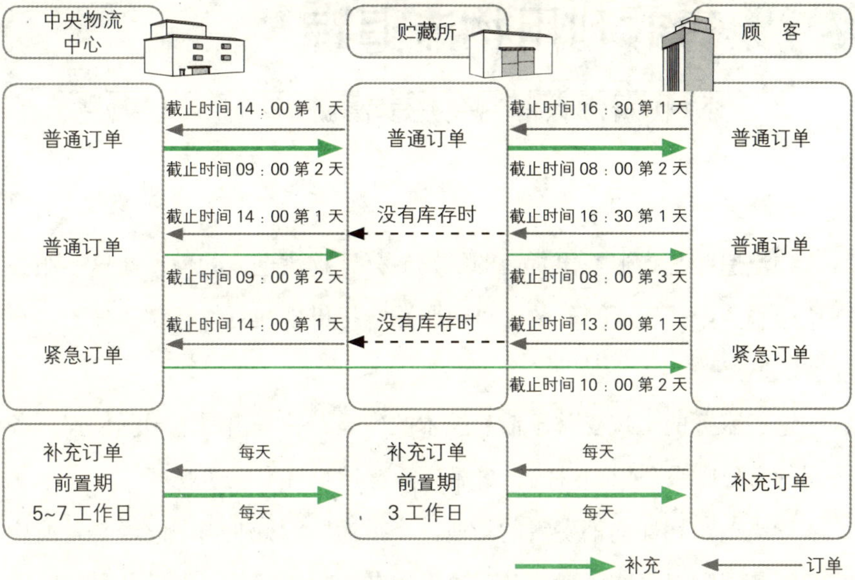
中央物流中心
贮藏所
顾 客
普通订单
截止时间 14：00 第 1 天
截止时间 09：00 第 2 天
普通订单
截止时间 16：30 第 1 天
截止时间 08：00 第 2 天
普通订单
普通订单
截止时间 14：00 第 1 天
截止时间 09：00 第 2 天
没有库存时
截止时间 16：30 第 1 天
截止时间 08：00 第 3 天
普通订单
紧急订单
截止时间 14：00 第 1 天
没有库存时
截止时间 13：00 第 1 天
截止时间 10：00 第 2 天
紧急订单
补充订单
前置期
5~7 工作日
每天
每天
补充订单
前置期
3 工作日
每天
每天
补充订单
补充
订单

如，地方并不存在值得提高频率配送的商圈规模。经常有一些公司的方针是在全国范围内采取同样的配送服务，但是我们或许应该对这种方针进行重新审视与讨论。追求利润的企业没有必要以公共事业的观点来维持配送方法。

不过，反过来说，公司的方针也是十分重要的。如果产生竞争优势的因素正是高频率的配送，以及在全国范围内提供同样的服务水平的话，公司就会通过这一竞争因素盈利。在简单地判断提高配送频率是否合适、是否能够盈利之前，还是应该明确公司的商业方针后再进行判断，并投入实践。

这样的话，就算竞争对手提高了运输的频率，也没有必要进行模仿。如果可以构建业务方面的优势的话，则以该优势进行竞争即可。不过，如果不用提高配送的频率，而通过在库存种类方面多下功夫来维持向最终顾客提供的服务水平，并且库存管理成本低于提高配送频率的成本的话，就没有必要非得提高配送频率了，此时通过增加库存的方法来应对即可。

7-5 有效利用物流追踪

除了快递行业以外，业务规定与票据编码的统一才是课题

物流追踪的概念

物流追踪是指追踪出货后的货物，公开物流进度的信息。这一服务在快递服务中是理所当然的，可以向顾客提供现在货物在哪、处于什么状态的信息。

这一服务的出现受益于信息技术的发展，它是由属于国际快递服务公司的海外邮政公司引进的，之后广泛普及至日本快递业。

物流追踪在面向消费者的行业与小批运输的行业当中已经是理所应当的服务了，但是在一般业务中这一服务的提供还并不足够。虽然需求很大，但实际上却不光因为物流公司的问题，还有货主方公司和其他各个公司的各种事由而导致无法实施。

如果能够做到物流追踪的话，有以下几方面的优点：

· 仓库可以为接收货物做好准备

· 可以掌握配送延迟情况，采取措施

· 可以掌握装运库存（在运输中的库存）情况

· 可以向顾客准确地回复交货期

实现物流追踪所面临的障碍

物流追踪有许多优点，我们应该实施这一业务，但是在实施过程中需要跨越几大障碍。

物流追踪图示

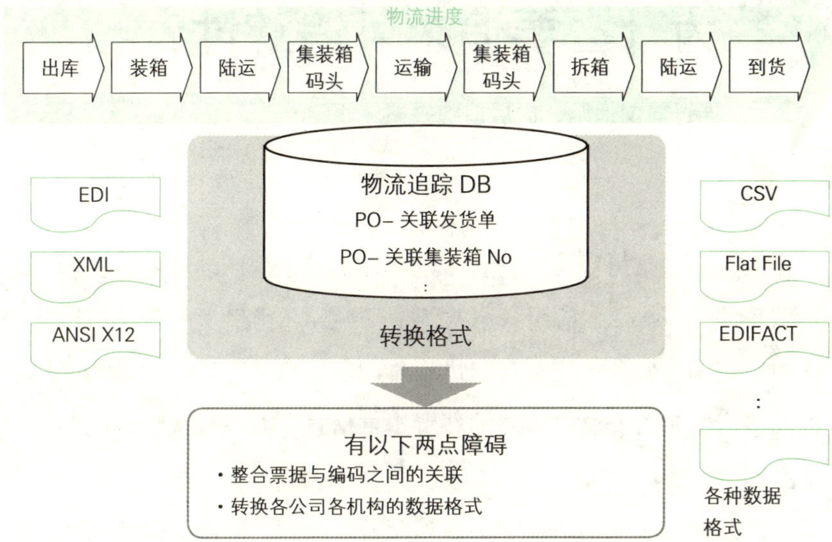
物流进度
出库
装箱
陆运
集装箱码头
运输
集装箱码头
拆箱
陆运
到货
物流追踪 DB
PO–关联发货单
PO–关联集装箱 No
转换格式
EDI
XML
ANSI X12
CSV
Flat File
EDIFACT
各种数据格式
有以下两点障碍
・整合票据与编码之间的关联
・转换各公司各机构的数据格式

首先是**有必要对公司内部间的票据、编码进行整理**。大多数公司都必须将订单票据、出货票据、请款票据、打包明细、打包清单、集装箱明细单等各种票据的整理与票据编码相结合。因此，必须能够综合应用以业务机能为单位所制定的规定与系统。

比如说，某一订单号中订购的货物清单记载在哪一个出货票据上、该货物装在哪个集装箱里，如果这些信息不一致的话是无法进行追踪的。以前从仓库中出货之后到送达对方手里检查货物之前是无法知晓其间货物在哪里发生什么事情的。许多公司经常使用“库存消失”的说法，由于没有整理好票据与编码间的联系，导致信息无从得知。

另一大障碍是信息的格式。各个公司间各种各样的数据有着不同的排列与格式，而运输途中又存在着物流公司、贸易商，还有海关等，所以信息无法保持同样的格式或形式。不过随着统一数据格式的普及与转换数据技术的提高，这一障碍逐渐变得越来越少。

7-6 为什么要追求可追踪性？

通过向前追踪、向后追踪来追溯原因

✣ 可追踪性的定义

可追踪性是指可以从原材料、零部件追踪至生产、出货、销售、最终消费（或是废弃）。借用身边的例子来说，超市里卖的蔬菜可以追溯到产地、使用的农药、肥料量与进货日期等信息。可追踪性是为了向关注商品或产品是否安全的最终消费者提供信息，万一发生什么问题时可以追究原因。

可追踪性分为向前追踪和向后追踪两种类型。向前追踪是指可以追溯到过去的情况。当商品或产品出现问题时，可以追溯其经由了怎样的流通途径、接受了怎样的处理。最近在出现 BSE（疯牛病）问题时，就追溯调查了牛的饲料出处、原料、制造时间、BSE 牛的原产地、饲养牧场的转移等方面的信息。

反向追踪即是向后追踪。这是指从原因开始追踪发生的问题影响到了哪一范围。用刚刚 BSE 牛的问题来举例的话，就是追究在有可能构成事件发生原因的时期进口的“肉骨粉”所加入的饲料喂给了哪些牧场的哪些牛吃过，这些牛经过怎样的流通途径，以怎样的形式保管、销售。这一方法是为了将损失降低至最小限度。

✣ 可追踪性是必不可少的功能

构建可追踪性的方法有批号管理与序列号管理两种方法。

批号管理是指为某一批单位的商品或产品贴号进行管理的“批量管理”。其前提是按批次出货、生产，这种方法比按单品进行管理更加简

可追踪性的定义

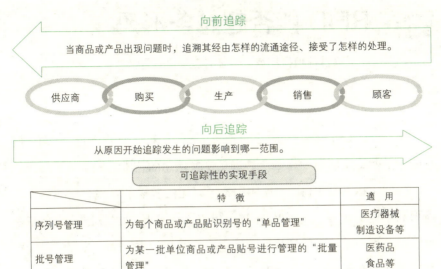

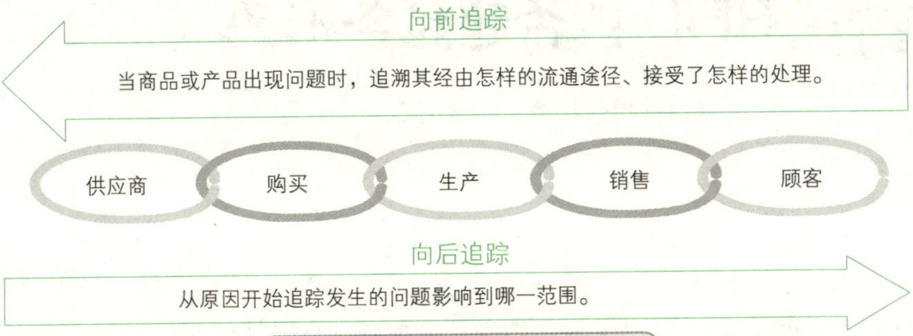
向前追踪
当商品或产品出现问题时，追溯其经由怎样的流通途径、接受了怎样的处理。
供应商
购买
生产
销售
顾客
向后追踪
从原因开始追踪发生的问题影响到哪一范围。

可追踪性的实现手段

	特　征	适　用
序列号管理	为每个商品或产品贴识别号的“单品管理”	医疗器械 制造设备等
批号管理	为某一批单位商品或产品贴号进行管理的“批量管理”	医药品 食品等

单。比如说，医药品中使用同一原料、同一生产单位生产的产品以制造年月日与制造单位划分批号。同一批号的产品视为同样的产品，如果发现有不良品的话，整个批号的产品都会被废弃。

序列号管理适用于单品管理十分重要的商品或产品，或者是可以进行单品管理的商品或产品，这种管理方法为每一个商品或产品贴上一个识别号码。比如说，为每台医疗器械都贴上序列号，可以追溯其是何时由哪家工厂制造，经由哪儿交货。由于是高价产品，所以当出现不良情况时，以每台机器为单位追查原因并解决问题。不过，如果原因是生产线的问题的话，则需要对受该原因影响期间的所有序列号的机器都采取相同对策。汽车召回等就是这一对策的典型例子。

可追踪性系统在医药、医疗器械行业已经成为了一种义务。在其他行业中，由于食品安全与最近的食品假货问题等原因，可追踪性系统也被视为一大重要的课题，因此其对 SCM 来说越来越必不可少了。

7-7 RFID 能否超越条形码

尽管高性能值得期待，但还存在一些课题

❖ RFID 的定义

RFID 是 Radio Frequency Identification 的简称，是指使用嵌入 ID 信息的电子标签（IC 标签）与无线通信交换信息的技术。

我们可以期待 RFID 实现使用条形码无法实现的管理。比如说，与条形码不同，电子标签（IC 标签）可以写入或是加入数据，因此有一种思路是写入原材料信息与生产信息。使用 RFID 的小 IC 芯片可以构建高度成熟的可追踪性系统。此外，还有一种思路是不像条形码一样进行一个个的扫描，而是不拆开打包的箱子，一次性获取箱子中所有货物的 ID 信息。与确认每个现货并进行入库处理相比，这一技术可以在短时间内准确地检查商品并进行出入库处理。

此外，RFID 不同于条形码，就算表面弄脏了也可以读取，而且读取 RFID 只需要通过辩识器就行，不必像条形码那样需要用手拿着读取器靠近条形码进行识别，因此有着更加有效等优点。

❖ RFID 投入实用的课题

RFID 可以用于可追踪性与追踪当中，大有取代条形码之势。但是其并没有得到迅速的引进与推广。尽管 RFID 有一定的便利性与可能性，但还是存在一些课题。

首先，RFID 的成本还很高，面临着进一步降低成本的课题。不过在 RFID 的类型中，从读取器接收电波运行的 IC（无源标签）与使用自

⊙ RFID 的可能性与课题 ⊙

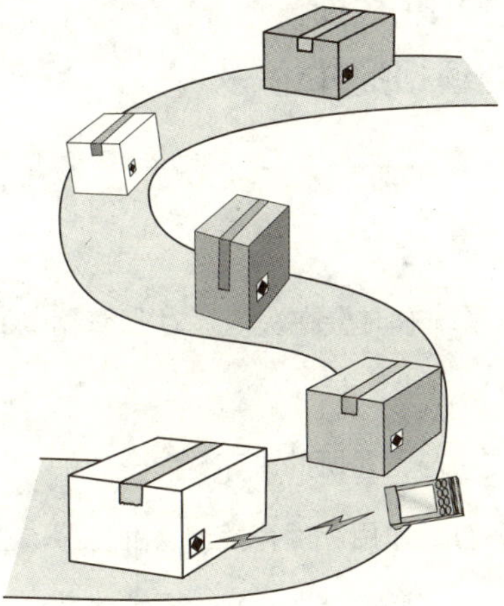

在 IC 标签中存入数据

↓

高度的可追踪性系统

非接触型的数据读写

↓

对集装箱进行整箱检查，

物流的效率得到飞跃提升

⬇

课　题

- IC 标签的成本高
- 非接触读取器的读取能力
- 与条形码竞争

己发电的电源的 IC（有源标签）当中，无源标签的成本越来越低，因此逐渐投入了实用。

其次是读取范围的问题。要读取低价的无源标签必须让读取器与 RFID 非常靠近，因此必须解决读取器的性能与读取准确度的课题。

即使解决了基础设施方面的问题，也还需要定义实际中在怎样的业务当中如何使用。我们需要确定是将 IC 标签贴在以集装箱为单位、以托盘为单位的货品包装上还是各个单品上，等等。决定贴标签的单位就决定了 RFID 的运用方法。另外，还需要定义在什么时间记录、重写怎样的数据。此外，与数据库进行合作也是实际中必不可少的工作，所以需要将其作为系统的重要问题进行落实。

归根结底，我们可以像以前的业务改革、业务设计一样要求 RFID，将其作为比较便利的工具来使用。

column

避免计划与实施的混乱

——不要将管理与实际处理相提并论——

计划管理与每天的实际处理是有区别的

SCM的业务改革与引进ERP·SCM系统有时会在决定库存保管据点的库存数量时引发混乱。

比如说，肯定会有些人在讨论时将支店与营业所的库存与向全球供货的中心仓库相提并论。这些仓库都有各自的作用，库存数量、补充库存的周期与时机都是根据其作用决定的，但这些人完全无视这些功能与目的，提出各级仓库都应该通过同样的业务水平来管理。

支店与营业所原本就是为了向顾客如期送达产品而设置的据点，只需要遵守已经确定的库存标准，每天自动计算补充数量并进行补货即可，其业务属于实际处理，而不是管理。

而向中心仓库补充库存则会加入生产条件的制约与前置期，而且中心仓库也是对各级仓库的补充要求进行供给的基地，所以其计划必须由管理层做出决定。

我们需要理解各级仓库的意义，严格区分要确定库存数量的是计划的管理业务，还是补充的实际业务。

第8章

如何在不断扩大的SCM领域中先发制人

8-1 SCM管理指标是促进进一步发展的感应装置

发现改善余地，使SCM发展得更好的驱动器

指标管理的目的

SCM是适用于普通周期管理PDCA（计划—实施—检查—行动）的业务。而在SCM中发展得最为落后的或许是指标管理的相关问题。

我们经常可以看到在改善活动中列举出大量管理指标的情况。

在某一制造业中，仅一个工厂的管理指标就超过了1000项。

设定那么多管理指标，真的全部都能进行管理吗？况且员工也会为了应付每月的指标报告会，前一天彻夜不眠地收集、修改、加工数据。

然而，厂长或是生产管理部长却有可能因为太忙，只是听一下报告就放心了，并不会给出特别的指示。这也是情理当中的事情，因为指标过多根本听不过来。于是他们只对其他报告中每天的异常情况做出应对，而管理指标的报告则逐渐变得形式化了。

该公司对管理指标的态度是在许多企业中都能看到的典型例子。直到现在说起管理指标，大多数情况都是在进行确认或分析的阶段进行临时定义，结果就直接留用下来。在很多事例当中，管理层过去曾询问过的“那个怎样了？这项又怎样？”的数值全部直接成为了管理指标。

指标只在PDCA周期当中有效

管理指标只有定义于PDCA周期当中才有意义。因为指标是将制订计划与实施计划之间的差异识别为异常数据进而考虑采取行动的。

因此，如果没有识别计划与异常值的标准、规则的话，指标管理就

⊙管理指标只存在于“PDCA”中⊙

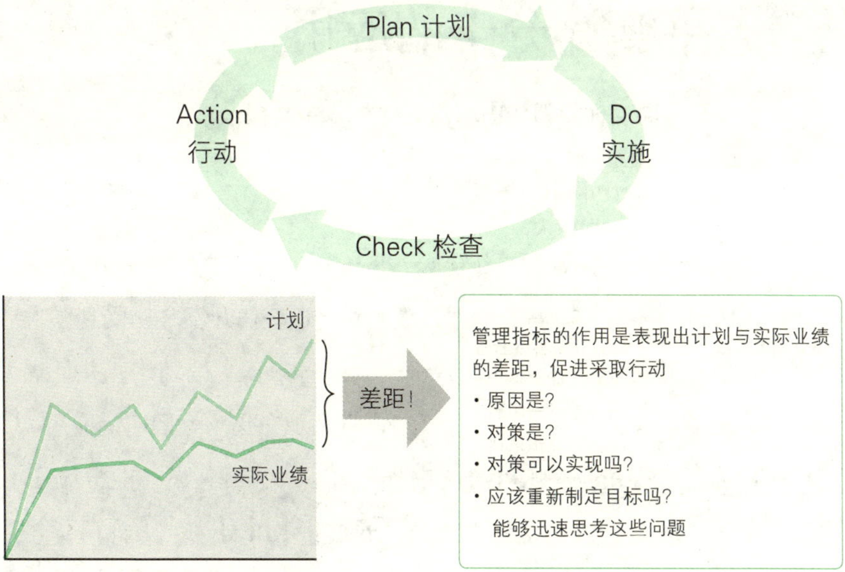
Plan 计划
Do
实施
Check 检查
Action
行动
计划
实际业绩
差距!
管理指标的作用是表现出计划与实际业绩的差距，促进采取行动
· 原因是?
· 对策是?
· 对策可以实现吗?
· 应该重新制定目标吗?
能够迅速思考这些问题

止步于单纯的自我满足了。指标管理只有在 PDCA 周期流程中，才能成为发现改善余地、推动 SCM 发展得更好的推进装置（驱动器）。

要想加入 PDCA 周期，管理指标必须可以验证计划与实际的差异，并且对决策行为做出贡献。因此，我们不应该采取结构化的管理指标，将任何事项都制定为指标，而应该拎清重点，建立可以改善的指标管理。下一节将通过平衡计分卡（BSC）的概念来介绍这一指标管理的架构。

此外，还有一项关键的重要指标叫做 KPI（Key Performance Indicator），意为关键绩效指标。

8-2

平衡计分卡的应用

在管理指标的架构中应用“4 大视角”

✣ 平衡计分卡的“4 大视角”

平衡计分卡（以下简称为 BSC）是美国的卡普兰（Robert Kaplan）和诺顿（David Norton）提倡的管理方法思路。BSC 在开发之初受到了人们的嘲笑，但是其建立了 KPI（Key Performance Indicator）的结构，并且毫无偏颇地构建了具有经营意义的指标管理，直到现在仍为人们广泛应用。

BSC 的基本视角是将 KPI 分为财务、客户、内部运营（业务流程）、成长与学习（组织・人）这四大视角。通过将 KPI 分为 4 大视角，并且强调对各个视角进行准确的定义与配置的必要性，使得过去在各大组织内部单独实施的 KPI 管理重新起到了为经营做出贡献的作用。

比如说，假设仓库中采取了库存周转月数、缺货率、每人每天的出货数量等各种各样的指标管理。但是作业人员却不清楚为什么要管理这些指标，感觉自己的管理被紧紧地“束缚”住了。

✣ 有效利用平衡计分卡的视角

而如果在此加入 BSC 视角的话会怎么样呢？首先从“财务的视角”来看。可以确认财务的经营目标是努力减少库存、增加销售额、降低成本。接着，为了更好地完成这一财务目标，从必要的“内部运营的视角”就能检验该指标了。为了减少库存，必须在业务流程上改善库存周转月数。

同样，为了增加销售额就必须降低缺货率，为了降低成本就必须增加每人每天的出货数量。因此我们可以得知，只要改善这些业务指标就

⊙平衡计分卡的 4 大视角⊙

财务的视角

- 降低库存
- 增加销售额
- 削减成本
- ROA（注1）等

客户的视角

- 出货前置期
- 误出货率
- 回复交货期的精确度
- 库存保留率（注2）等

内部运营的视角

- 缺货率
- 每人每天的出货数量
- 前置期
- 预测误差率
- 良品率 等

学习与成长的视角

- 听课研修时间
- 改善提议数
- 资格保留者数　等

（注1）利润 ÷ 总资产　（注2）接受订单时现有库存的比例

能提高财务数据，为业绩做出贡献。

而从“客户的视角”来考虑的话，就能看到顾客需要什么。比如说，假设顾客要求迅速、准确的出货。实际上做到这点的话销售额也能增加，因此缩短出货前置期、降低误出货率也要计入指标当中。

此外，从“成长与学习的视角”来看，为了使财务、客户、内部运营各种视角所看到的指标更加优秀，还加入了研修学习时间与改善建议数量的指标目标。

像这样，从 BSC 的视角来看，可以发现仓库的业务 KPI 给哪一经营目标指标做出贡献，且从顾客的观点来看，可以发现哪些指标有所欠缺，这样也能制定出促进进一步成长与学习的指标。

财务目标正是 SCM 的经营目标，业务目标则与 SCM 的业务目标相关，像这样通过 BSC 可以建立 SCM 管理指标的架构，使其变得更加有意义。

8-3 SCM 管理指标的引进方法

遵循理想商业形式选择结果指标与先行指标

✣ 临时决定管理指标即是浪费

设定临时性管理指标的公司多得出人意料——也许很多人听到这一事实会感觉大吃一惊，但是实际中许多时候管理指标都是为了确认眼前的困难而对症下药地设定的。

比如，由于某经销公司的配件赠品经常缺货，所以企业才将该经销公司的缺货率设为一项指标。同样，由于厂商收到了经销公司的投诉，所以将厂商仓库的缺货率设定为指标。像这样对指标进行个别管理，就会造成相互之间无法合作、也不能分担责任。结果各部门（机构）分散地开展降低缺货率的活动，又导致各部门开始为库存增加而苦恼，于是又各自以库存量为管理指标，开展降低库存的活动。

✣ 设定应有的管理指标

我们不应该设定个别的、暂时的管理指标，而应该设定更具有组织性、结构化的、理想的管理指标。其步骤如下所示：

· 步骤 1：确定商业的理想形式（Key For Success：KFS）

确认在公司经营的商业活动中，究竟想要达到什么目的、哪些事情是成功因素（KFS）。同时还应确认公司的中长期目标。

· 步骤 2：筛选出应有的指标 · 讨论优先次序

从 KFS 与中长期目标当中筛选管理指标。急需管理的管理指标可以以中长期目标为中心列举财务目标、客户目标。

如果内部运营上面临着课题的话，还可以一起列举内部运营的目标

⊙引进 SCM 管理指标的步骤⊙

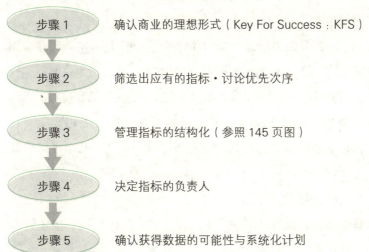

步骤 1　确认商业的理想形式（Key For Success：KFS）

↓

步骤 2　筛选出应有的指标·讨论优先次序

↓

步骤 3　管理指标的结构化（参照 145 页图）

↓

步骤 4　决定指标的负责人

↓

步骤 5　确认获得数据的可能性与系统化计划

和成长与学习的目标。接着就可以列举业务方面的目标了。指标当中有些应该特别优先的指标。我们可以将在中长期目标中强调的指标，或是 KFS 中重视的指标视为重点。

·步骤 3：管理指标的结构化

有效利用上一节介绍的平衡计分卡（BSC）的架构，将财务的管理指标和对客户的管理指标、内部运营的管理指标、学习与成长的管理指标建立起关联。

此时，如果将对改善某项指标做出贡献的指标置于其下方并重复这一做法，就可以用箭头将各个指标串联在一起。比如，为提高销售额做出贡献的是顾客满意，为顾客满意做出贡献的是降低缺货率与缩短交货前置期，为降低缺货率做出贡献的是库存数量与工厂按期交货率，为缩短交货前置期做出贡献的是增加每小时仓库的出货数量，等等，按照这样的逻辑进行展开。

在指标的结构化中还有一个重要的视角。指标有两种类型，一种是只提示结果、与改善该指标本身的行动没有直接关联的结果指标，一种是在结果指标之前发生变化的先行指标。管理指标需要在与行动相关的层次展开、建立架构。

比如说，销售额是结果指标，“增加销售额”并不是行动。而在增加销售额之前应该提高的指标如果是获得新顾客的数量的话，则这便是先行指标，该先行指标可以与行动相关联，所以应在业务中管理的是这项指标。

像这样，我们可以从 BSC 的视角为整体的关联性与做出贡献、获得贡献的指标建立架构，并且在设计管理指标时，将其展开至可以采取行动的先行指标。

·步骤 4：决定指标的负责人

仅仅为管理指标建立架构的话只是“纸上谈兵”，还需要决定管理改善各指标的负责人。

·步骤 5：确认获得数据的可能性与系统化计划

最后确认获得数据的可能性、制订系统化计划、引进管理指标系统。指标管理实际上非常麻烦，现在仍有许多公司为了管理指标而在表格计算软件中输入数据，浪费了大量时间。我们可以引进管理指标的“可视化”系统，将员工从没有附加价值的数据制作业务中解放出来。

⊙可视化系统的例子⊙

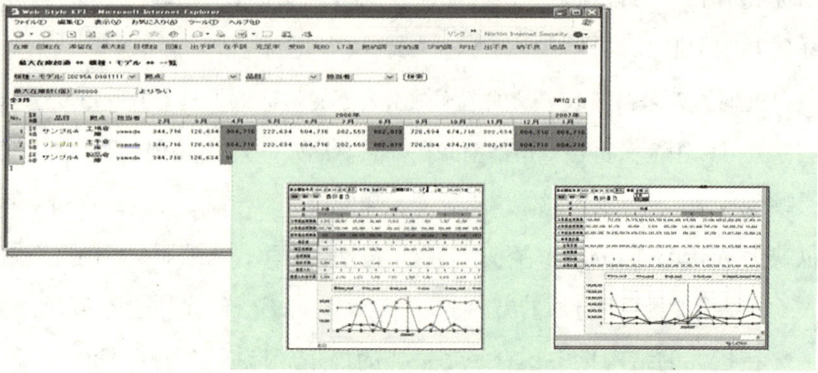

上 [Web-Style KPI]、下 [Web-Style Planner]

（两者均由股份公司 Internet・Business・Application 制作）

⊙引进 SCM 管理指标的步骤⊙

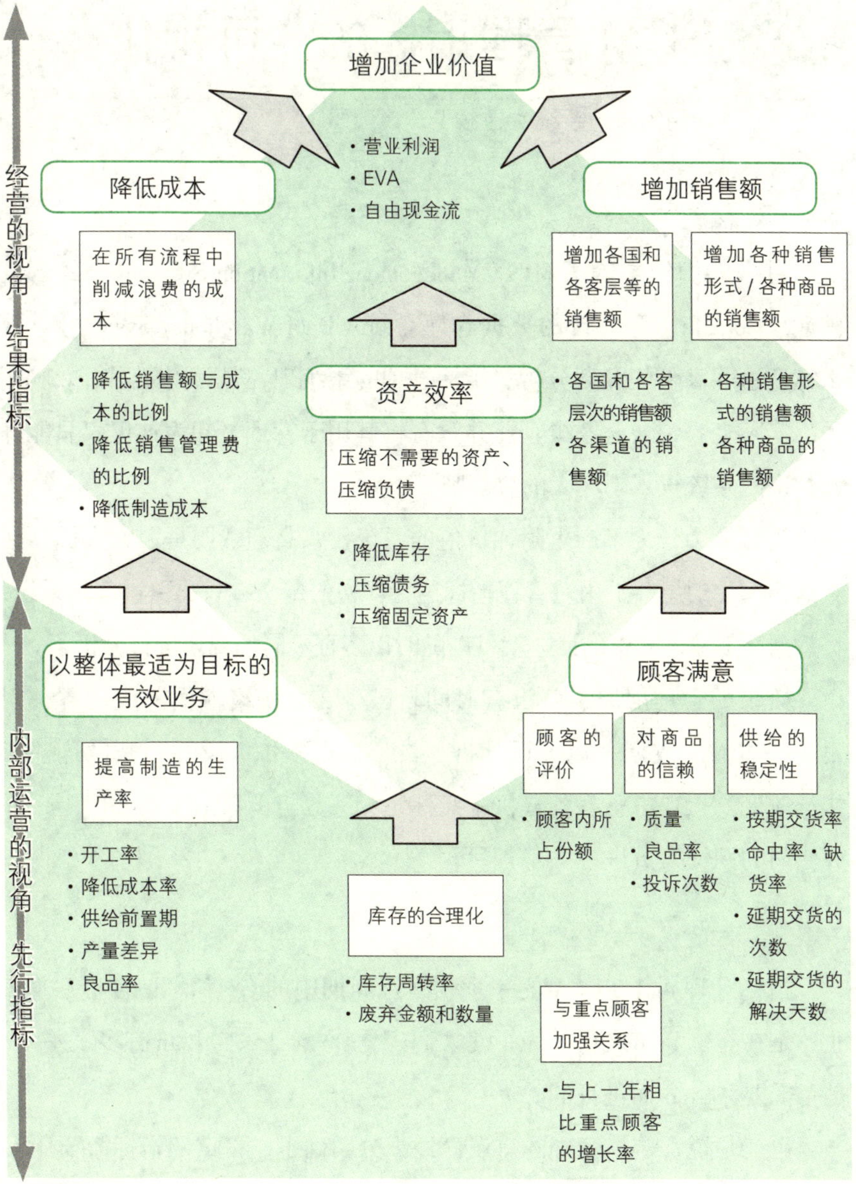
经营的视角 结果指标
内部运营的视角 先行指标
增加企业价值
・营业利润
・EVA
・自由现金流
降低成本
在所有流程中削减浪费的成本
・降低销售额与成本的比例
・降低销售管理费的比例
・降低制造成本
增加销售额
增加各国和各客层等的销售额
增加各种销售形式/各种商品的销售额
・各国和各客层次的销售额
・各渠道的销售额
・各种销售形式的销售额
・各种商品的销售额
资产效率
压缩不需要的资产、压缩负债
・降低库存
・压缩债务
・压缩固定资产
以整体最适为目标的有效业务
提高制造的生产率
・开工率
・降低成本率
・供给前置期
・产量差异
・良品率
库存的合理化
・库存周转率
・废弃金额和数量
顾客满意
顾客的评价
对商品的信赖
供给的稳定性
・顾客内所占份额
・质量
・良品率
・投诉次数
・按期交货率
・命中率・缺货率
・延期交货的次数
・延期交货的解决天数
与重点顾客加强关系
・与上一年相比重点顾客的增长率

8-4 SCM管理指标的“可视化”

使用简单的系统就足够了

✣ 高价的系统只是“幻想”

过去人们经常购买 MIS（Management Information System）、经营驾驶舱（Cockpit）等高价的数据仓库系统（Data Warehouse System）。那么究竟这些高价的经营分析、指标管理的系统现在是否得到了有效利用呢？实际上恐怕还有不少企业并没有将其用于管理，却为这仅仅只能计算数字的系统投入了庞大的金额吧。

笔者认为，为不产生附加价值的系统投入高额费用是因为人们存在着这样一种幻想，不用对管理指标进行严格的定义，只要引进高价系统，将数据全部输入其中的话，就可以随时以多种不同的视角进行分析了。

繁忙的管理层原本就没有时间自己坐在系统终端面前改变各种视角、一边输入数据一边进行分析。员工也很繁忙，没时间来做这些工作。改变切入点进行各种分析（又称为交叉分析）只由市场部门等一部分专门的职位人员进行。

✣ 用简单的“可视化”系统来管理指标

指标管理属于 PDCA 的一系列管理周期中的 C：Check 的业务，该业务是在有了 Plan 之后，为了使人们察觉 Do 的结果与 Plan 有多大差距、是否需要 Action 而进行的。

也就是说，应该管理的重点已经十分明确了，设定的指标需要让人能够马上察觉到异常情况。每次千方百计地进行分析的这一行为本身就

“可视化”必需管理指标的结构化

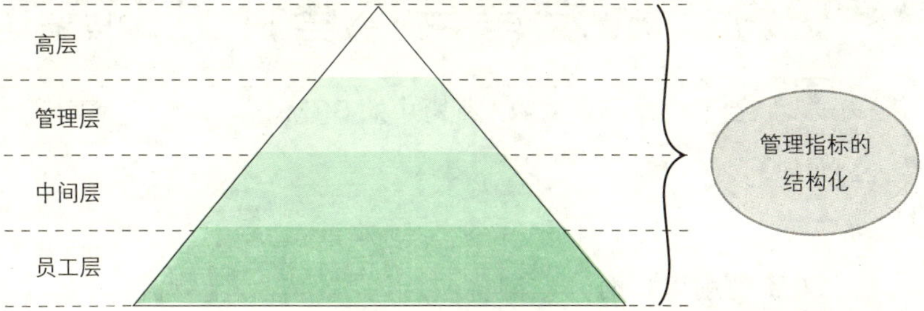
高层
管理层
中间层
员工层
管理指标的结构化

用简单的系统就足够为SCM管理指标建立架构

No.	功能
1	库存（所有库存）
2	周转库存
3	积压库存
4	超过最大库存
5	超过目标库存
6	库存周转率 / 周转期
7	出货预测误差
8	库存变动预测误差
9	充足率
10	接单后取消订单
11	下单后取消订单

No.	功能
12	遵守据点间补货前置期
13	调整据点间补货的交货期
14	供应商遵守交货期
15	供应商调整交货期
16	修理零部件存货比例
17	出货的零部件次品
18	进货的零部件次品
19	出库（出货）退货
20	负责人工作
21	销售额

是PDCA管理流程没能有效地发挥作用的证明。

只要思考应该管理哪些指标能使PDCA周期正常运转，并且以上一节介绍的步骤将管理指标编排在一起，就自然会形成简单的管理体系。因此，即使是通过系统来提示定义的管理指标，使用简单的系统也足够了。人们可以自定义想要获得的数据，也可以定义提示数据的切入点。接着只需要从拥有交易数据与会计数据的基础系统中筛选出必要的数据即可。

我们不需要拿来所有的数据，从多个切入点进行分析。SCM是PDCA的管理周期。只要明确地定义Plan-Do的业务，就能确定与其相关的SCM管理指标，同时也可以将Check的业务纳入指标管理，所以用简单的系统就足够了。

8-5 新产品发售与停售计划的规定

将产品生命周期也纳入视野中的 SCM

✣ 扩大至生命周期的管理

在 SCM 刚刚出现时，人们普遍认为“SCM 等于物流”，即单纯地将其当成物流管理。接着 SCM 又被认为是指从接受订单到出货、为控制物流而进行的“实际性业务”，其课题是如何有效地补充库存、保留库存、进行出货指示等。SCM 刚为人们所知时，社会上曾经大张旗鼓地宣扬过沃尔玛与 P&G 的协作，就是在这一阶段。接着，人们开始认为在进行实际性业务之前的事先准备阶段才是 SCM，于是“计划性业务”逐渐成为了 SCM 的中心。海外著名的 SCM 系统包就是以计划为中心的。

随着物流→实际性业务→计划性业务的转变,SCM 的概念逐渐扩大，将产品生命周期的全面管理也完全纳入了视野当中。SCM 的概念是“在必要的场所、必要的时间、以必要的数量供应必要的产品”，其通常处理的是稳定出货的稳定期。然而刚开始销售产品时的管理与销售结束时的管理都会对产品的总体生命周期带来极大的影响，一些公司认识到了这点，比起稳定销售期，他们逐渐开始更加重视发售、停售时的管理。

发售、停售时的管理是计划性 SCM 的一大领域。这两个时期的课题都是如何管理库存。当然，开始发售的前提是产品本身依照预定进行发售，SCM 在构筑业务时将其视为计划管理的一环。

✣ 新产品发售时的 SCM

在开始发售新产品时的计划性业务中，需要预测新产品的需求量。如果过去有类似产品的话，可以参考当时的发售数量，考虑预算来制订

⊙ SCM在生命周期的不同阶段进行不同的处理⊙

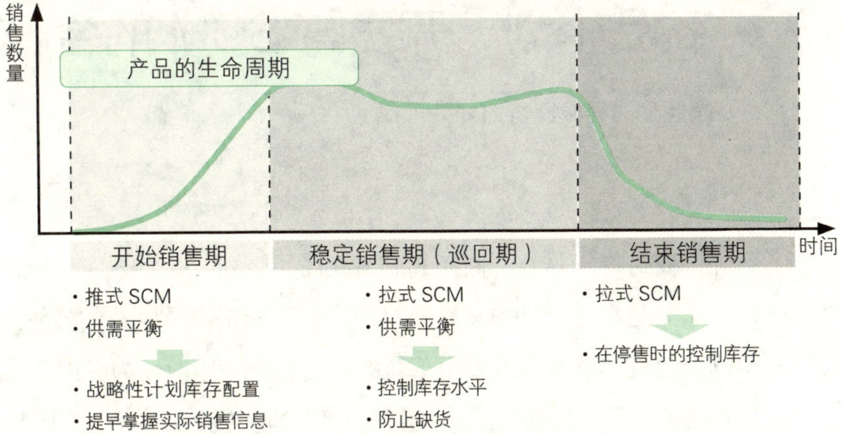
销售数量
产品的生命周期
时间
开始销售期
稳定销售期（巡回期）
结束销售期
·推式SCM
·供需平衡
·战略性计划库存配置
·提早掌握实际销售信息
·拉式SCM
·供需平衡
·控制库存水平
·防止缺货
·拉式SCM
·在停售时的控制库存

计划。根据行业、业种的不同，有时会从接受初期出货部分的订单开始运行业务。不管怎样，在刚开始销售时需要做到一次性配货至店铺，而且一般来说，新产品在发售后会很快售罄，所以保留的库存需要预计到这一部分产品的数量，因此需要进行计划生产。

在销售达到稳定状态之前，通过计划性库存分配实施推式计划。如果可以判断产品已经处于稳定期的话，则可过渡至基于需求的拉式SCM。不过，如果在开始销售的阶段没有达到销售计划水平的话，还需要采取一定的措施保证能够马上做出停产的决策。

停售时的计划

在产品停售时，为了适应逐渐衰退的市场需求，避免出现库存积压的情况，需要对库存进行控制。

同时还需要注意停售与停产的区别。许多公司在实施业务时所遵守的规定十分随意，然而如果不进行严格定义并且进行管理的话，就会导致停售后又接受了订单，或是停产后不得不加急生产等情况，引起混乱。我们有必要对其进行规定、制约。

8-6 商品企划·开发与 SCM 的合作

超越公司界限获得的好处

商品企划·开发与 SCM 的合作

零部件厂商与物资材料厂商尤其需要在商品企划、开发方面与 SCM 进行合作。尤其是在零部件与物资材料的性能不断提高、制造的最终产品的性能也会随着其革新速度发生革新的厂商，这一倾向尤为突出。

英特尔是该方面的典型例子。计算机厂商根据英特尔产品开发的路线规则图来开发自己公司的产品。从英特尔发布新产品的阶段开始，计算机厂商就制订产品计划，决定制造拥有何种性能的计算机，并且为企划的商品制订设计、开发计划。同时，决定该产品的开发代号，确定价格政策、销售计划、利润计划、成本计划、采购计划等。此时的采购计划就是长期的购买数量。

计算机厂商 SCM 计划的基础是商品企划和开发计划，而商品企划和开发计划是根据功能性零部件的开发路线图决定的。此时若将计划的计划采购数量再次告知零部件生产厂商，则相当于获取了长期供给功能性零部件的约定，即“制定框架”。

至此为止，即使不是周期性循环，提供功能性零部件与物资材料的供应商的商品企划和开发也可以与供货的对象共同建立 SCM 计划的架构。

共同进行商品企划·开发的好处

如果供应商与供货的对象——即顾客进行 SCM 合作，并且将商品企划和开发与这种合作建立起联系的话，双方都可以获得很大的好处。对供应商来说，这样不但能确保今后的销售数量，而且还能减少设备投资与购买原材料等风险。此外在开发新产品时，还能保证收到不足之处

⊙供应商的产品路线图⊙

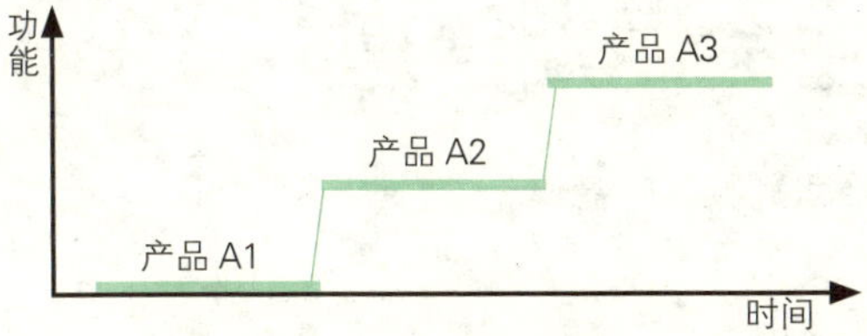
功能
产品 A3
产品 A2
产品 A1
时间

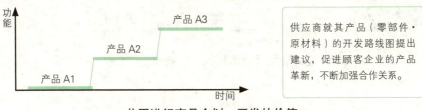

供应商就其产品（零部件·原材料）的开发路线图提出建议，促进顾客企业的产品革新，不断加强合作关系。

⊙共同进行商品企划·开发的价值⊙

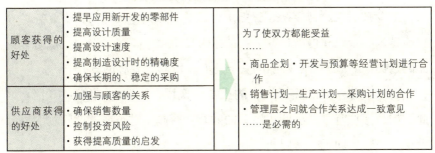

顾客获得的好处	·提早应用新开发的零部件 ·提高设计质量 ·提高设计速度 ·提高制造设计时的精确度 ·确保长期的、稳定的采购	为了使双方都能受益 …… ·商品企划·开发与预算等经营计划进行合作 ·销售计划—生产计划—采购计划的合作 ·管理层之间就合作关系达成一致意见 ……是必需的
供应商获得的好处	·加强与顾客的关系 ·确保销售数量 ·控制投资风险 ·获得提高质量的启发	

与改良重点的反馈。

而对接受供给的顾客方来说，因为从新产品的开发阶段开始就能获得信息，所以安装该零部件的产品设计会进行得更加顺利。在试制品阶段双方就可以紧密地合作，有效地纠正制造设计时的不足之处并进行改善。此外，由于在采购数量方面达成了长期一致，可以确保长期、稳定的采购数量。

如上所述，共同企划和开发商品对双方都有利。而且双方还需要在新产品的 SCM 计划中保持合作。这样需要制定一定的规则，在商品企划和开发阶段与预算等经营计划合作，将销售计划—生产计划—采购计划联系在一起，并且将采购方的采购计划与供应方的销售计划—生产计划—采购计划建立起联系。这便是长期为零部件“制定框架”。

如果采购方销售情况不佳，没有达到预定计划的话，能否减少零部件采购数量？如何填补这一损失？相反如果零部件数量不足的话应该怎么办？管理层之间应该经常讨论这些问题并取得一致的意见。

8 7 顾客购买生命周期管理

从产品购买阶段开始积累顾客信息

✣ 抓住顾客一次就要一生都留住

如今社会发展得越来越成熟了，在商品多如牛毛的时代，光凭产品功能越来越难以获得新顾客了。被称为日用品（Commodity）、成熟化商品的这类商品光凭产品功能的差异化并不能获得顾客的青睐。

有一种说法是获得新顾客的成本是挽留老顾客的5倍到10倍。因此，如何留住有过一次购买经历的顾客变得越来越重要。此问题的思考框架是“顾客购买生命周期管理”。

✣ 各阶段“留住”顾客的方法

下面以购买自动仓库为例进行介绍。

许多厂商都售卖自动仓库。自动仓库在入库、拣选、出库、保管、数据记录等功能方面很难出现较大的差异化因素。在这种情况下，有必要从与顾客进行交易的阶段开始就采取绝不放开顾客的“留客”方法。由于自动仓库是接受单个订单再生产的，所以在交易、估价、设计・生产、设置的每个阶段都需要应用SCM的重要视角。

首先是“交易阶段”。在该阶段中公开标准机器部分与定制部分，登记顾客信息、交易信息。这部分内容与其说是属于SCM，不如说是属于CRM（Customer Relationship Management）的范畴。但是SCM与顾客的接触点正是CRM。只要过去与顾客有过交易的话，则应把握其内容并确认需求。

接着是“估价阶段”。该阶段与SCM有着很大的关联，其关键之一是如何准确地进行早期估价。如果拥有“设置（Configuration）”的功能

⊙以最大化收益为目标的顾客购买生命周期管理⊙

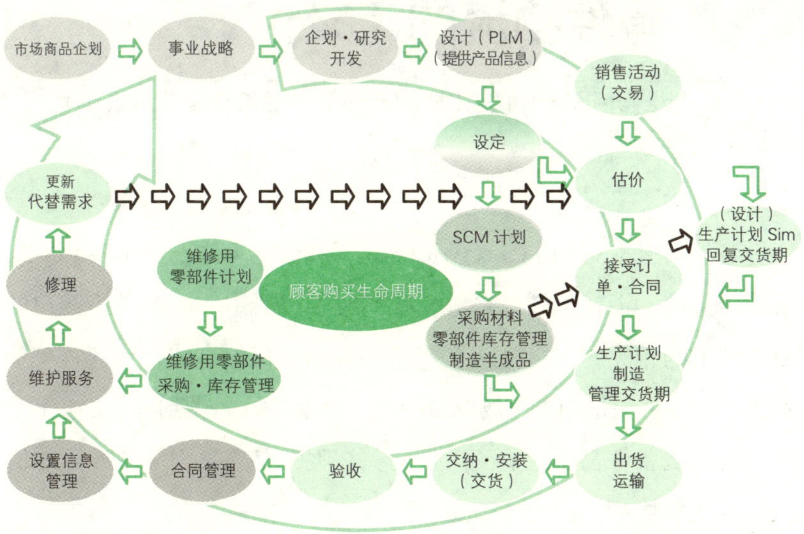
市场商品企划
事业战略
企划・研究
开发
设计（PLM）
（提供产品信息）
销售活动
（交易）
设定
估价
更新
代替需求
SCM 计划
（设计）
生产计划 Sim
回复交货期
接受订
单・合同
维修用
零部件计划
顾客购买生命周期
修理
采购材料
零部件库存管理
制造半成品
生产计划
制造
管理交货期
维护服务
维修用零部件
采购・库存管理
设置信息
管理
合同管理
验收
交纳・安装
（交货）
出货
运输

就可以马上得知标准机器与可定制范围及各种组合，如果还拥有估价系统联动功能，使顾客输入需求的规格就马上能够进行估价的话，则可以使服务水平得到进一步的提高。

在“设计・生产的阶段”严格进行生产期管理与成本管理。为了对生产与机器进行设置，在该阶段需要编制工程设置的日程表，因此需要项目管理的计划。

最后是“安装・交货的阶段”。这是向顾客提供与售后服务相关的SCM开始的地点。厂商需要将设置信息进行认真地收集、信息化，并且构建为日后的维修、再次购买提供建议的数据库。

交货后，就算只是为了留住顾客，也需要提供优秀的售后服务。如果能够通过保留检查记录、迅速修理、及时提供维修用零部件、保留修理历史数据等提高售后服务的质量，支持顾客的业务运作，则顾客再次购买的可能性就会提升。

8 备件物流的定义

维修用零部件的 SCM 是产生竞争优势与收益的原动力

✣ 备件物流及其意义

备件物流（Service Parts Logistics）是指维修用零部件（Service Parts）、修理用备件、消耗型零部件等，在销售了机器主体后提供给客户的重要商品种类的相关 SCM。过去公司只顾着销售机器主体，因此这一业务并不受人关注，但是随着市场的成熟化，该业务开始受到人们的重视。

为什么备件物流会受到人们的关注呢？首先是因为该业务可以建立公司的竞争优势。如上一节所介绍的一样，如今各家的机器主体很难出现明显的差异，为了使顾客不会终止业务，如果能够在顾客维修、检查和修理机器时迅速无误地送达备件的话，就可以获得非常高的评价。比如说，在卡车等商用车领域，售后服务——尤其是及时准确地供给备件可以大幅度地提高顾客满意度，而对做不到这点的厂商，顾客很有可能在下次购买时就不将其列为候选对象了。

此外，备件也是收益的支柱。在许多行业中，产品与备件的销售额比例为 9 比 1，但利润比却达到了 1 比 1，可见备件十分赚钱。最近机器的使用年限越来越长，有些行业在售后服务上取得的收益比机器主体更加稳定，因此我们绝不能够忽视备件物流。

✣ 备件物流的特点与目标框架

备件物流有以下几大特点：①供给延迟的话会极大地降低顾客满意度；②需处理的品种数量非常多，很难进行管理；③难以预测很少出货的间歇需求品的数量；④需要长期进行管理；⑤当供应商中止生产供给

⊙对产品·备件的销售额·利润进行比较的例子⊙

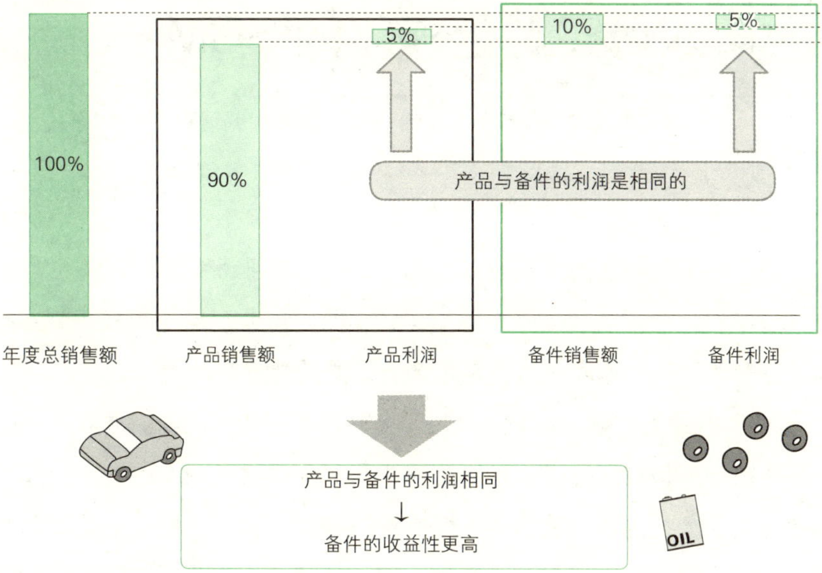
100%
90%
5%
10%
5%
产品与备件的利润是相同的
年度总销售额
产品销售额
产品利润
备件销售额
备件利润
产品与备件的利润相同
↓
备件的收益性更高
OIL

零部件时需要大量购买；⑥如果不与修理方合作，则临时出库等业务的管理会变得十分复杂，等等。

关于①、②，可以采用本书中已经介绍过的方法来处理。即分层管理库存、通过分层配置确保供给、构建快速的物流体制等。最近有些公司将配件中心作为独立的业务，设立了全球化配件中心。还有一些公司为了构建快速的物流体制，引进了将物流业务外包的备件物流对策，过去人们将配件物流视为成本中心，而如今一些公司也开始将其视为获取销售额、利润的收益中心了。

其他特点也可以根据本书前面介绍的思路来解决并且构建 SCM。不过，只有⑥是配件的特有业务，该业务是指当顾客无法确定修理部位时，暂时出库某一零部件，如果不能使用的话再收回。在这一点上需要明确业务规定。

8-9 如何实现全球化的 SCM

联合经营管理需要海外据点

❖ 海外销售公司、海外工厂是独立的公司吗?

如今许多公司在海外设有销售据点，而且在亚洲各国、欧美也大量建设了作为生产据点的工厂。即使是日本的制造业，也开始有必要管理世界各国的销售、库存、进货、生产、采购的情况与计划了。

只不过，想要构建全球化 SCM，有时会出现许多问题。尤其重要的是海外销售公司与海外工厂是否能够认同“全球化 SCM”的观点。如果不是附属子公司的话，公司很难对其进行控制。当然，由于不是该公司的所有者，这也是无可奈何的事情。但如果海外销售公司与海外工厂是附属子公司的话，就必须要服从总公司的命令。

但是，现实中却没有那么简单。许多海外销售公司与海外工厂就算属于附属子公司，也像独立公司一样运营。

原因之一是因为对海外销售公司与海外工厂的评价及考核是通过能否独立达成预算来判断的。SCM 的主旨是想要减少世界各地的库存，但是拥有公开各国财务成绩责任与权限的海外销售公司和海外工厂有时并不听从总公司的命令。此外，就算总公司认为库存过多想要停止生产，但是海外工厂认为如果满足其要求的话就难以达成预算，这样的话也不可能服从指示。

另一个原因是海外销售公司与海外工厂出自对顾客的责任感以及对能否保证供给感到不安，所以有时会不听从总公司的命令。

对顾客的责任感与对供给的不安感是表里一致的问题。直接与顾客

⊙海外据点对“削减库存”命令的意见·抵抗⊙

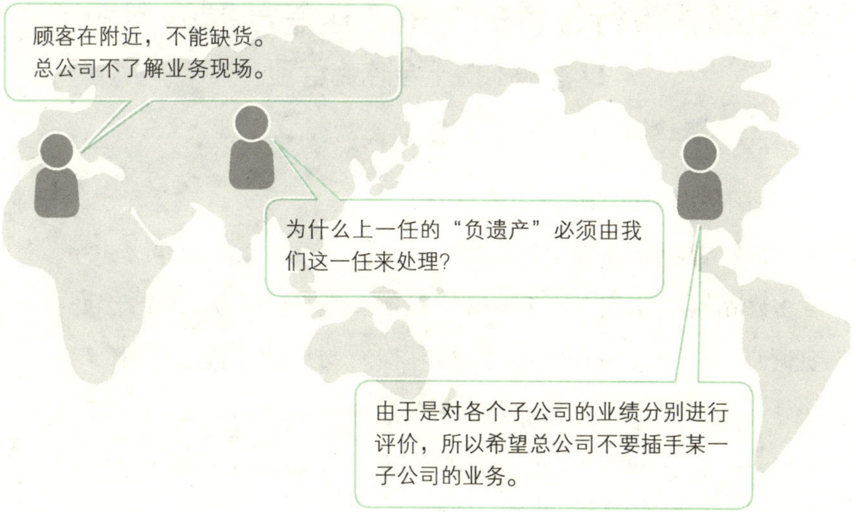
顾客在附近，不能缺货。
总公司不了解业务现场。
为什么上一任的“负遗产”必须由我们这一任来处理？
由于是对各个子公司的业绩分别进行评价，所以希望总公司不要插手某一子公司的业务。

交易的海外销售公司最了解现场的情况，因此海外销售公司认为应该由自己来进行判断。此外，如果担心海外工厂与日本工厂的供给情况，销售公司会认为保有“安心”库存、不给顾客带来不便是自己的责任。

但是，这样就导致即使总公司想要联合推进 SCM 改革，海外销售公司与海外工厂也缺乏合作体制。组织之间的隔阂依然如旧。

✣ SCM 框架中联合预算管理、联合业务管理的连锁

像这样，我们需要将单独某家公司的活动建立为全球化 SCM，在整个集团内实现“在必要的场所、必要的时间、以必要的数量供应必要的产品”，相反在不需要的时候则终止供给、生产与采购，最终过渡成为没有多余库存的管理体制。为了达到这一目的，不光需要构建运营层面的 SCM，还需要构建与联合预算管理、联合业务管理相关的 SCM。

各地都有自行设置的主机，这是严重的问题！
——日本人不擅于全球化管理——

◆◆各国根据自己的情况引进系统

总公司位于日本的企业集团在系统引进方面很少由总公司来主导，大多数情况都是各国引进自己觉得合适的系统。这种情况人们已经司空见惯了。由于每个国家引进的系统都不同，其设置的主机也不一样，结果导致难以进行数据方面的合作。尽管投资引进了大型系统，但是系统对同一产品无法转换编码进行识别。这种事情听起来有些像天方夜谭，但却是许多公司面临的现实情况。

想要实现全球化的 SCM，并不仅仅只是联合管理与业务合作的问题，由于各公司主机与系统都不一样，需要重新建立主机与数据的接口。各国自行引进系统的弊端已经造成了极大的影响。

◆◆构建总公司主导的 IT 管理（governance）

总公司位于欧美的全球化企业一般都由总公司来管理各国子公司的系统引进。总公司位于日本的企业也应该实现 IT 管理，使公司不需要在调整主机与系统间接口这些不产生附加价值的工作上花费开销。

第9章

SCM的过去与未来

1. 海外系统包真的有用吗?
2. 向沟通型的低价系统过渡
3. “通过SCM系统实现自动化”是幻想吗?
4. 供应链的“可视化”
5. ERP与SCM的关系
6. 实现可24小时365天配送的物流
7. 亚洲各国计划·实际业绩的“可视化”
8. 用备件来留住顾客
9. 逆向物流的产生背景
10. “PSI的可视化”是日本的优势

9 1 海外系统包真的有用吗？

以系统为主导强行引进的例子失败了

✣ 以往曾经大量引进了 SCM 系统包

在 2000 年前后，SCM 的概念与 SCM 系统包一同被宣传并引入到日本。“海外的优秀公司全都引进了 SCM 系统包，成功地建立了 SCM。只要引进这一最优方案的系统，就能构建 SCM。”这一观念受到大肆宣扬，致使许多公司花巨资引进了 SCM 系统包。

有些公司至今仍在有效利用这一系统，但同时也有些公司根本没有运行过，还有一些公司在使用系统时感觉非常不满意，因为目前折旧期已过，最近正准备弃用。

那么究竟为什么有些公司可以有效利用该系统，而有些公司却不能呢？

✣ 为什么无法顺利引进 SCM 系统包？

一般观点认为，无法顺利引进 SCM 系统包的原因有以下几点。

①引进时忽视了商业形式

如上文所介绍的一样，SCM 是一种管理体系。各个公司都有自己的战略方针、特定的商业模式、生产与运输等方面的制约条件，通用的应用系统并不能够覆盖这些问题。

②实施时没有获得业务方成员的同意

也有些业务由于存在制约等原因，因而是根据正当的理由实施的，而公司方面忽视了这一点，提出“一切业务均应符合系统”的方针，半

⊙怎样才能成功地引进 SCM 系统包？⊙

2000 年前后的海外 SCM 系统包
顺利引进的公司（少数）
无法顺利引进的公司（多数）

失败的原因	对策的重点
引进时忽视了商业形式	・构思・确定商业模式、SCM 模式，进行业务设计 ・选择符合 SCM 模式、业务的系统
实施时没有获得业务方成员的同意	・始终获得业务方成员的同意
推进时以信息系统为主导，受到挫折	・商业模式构思、SCM 模式构思、业务设计以业务成员为中心（只不过，信息系统部门的员工也必须从业务设计阶段起就参与其中）

强迫地引进了系统。然而系统无法获得业务运营方成员的同意，再怎么强迫人们使用也无济于事。

③推进时以信息系统为主导

SCM 系统包具有一定的功能，如果作为系统引进实施的话，如上文所述会在业务方面遗漏必要的功能。如今信息系统部门员工的业务知识越来越不足，光是依赖 SCM 系统包的话，有可能会导致安装了许多不需要的功能与遗漏掉必要的功能。

✣ 重新引进 SCM 系统的浪潮

重新引进 SCM 系统的浪潮已经来临。这次我们需要与业务方进行紧密的合作，对 SCM 进行模式化（类型化）的调整，使其适应企业自身的商业模式及制约条件，并且进行业务设计。在获得管理层的批准与业务方的同意后，只引进简单、必要的系统即可。

9-2 向沟通型的低价系统过渡

比逻辑更重要的是简单易懂

❖ 不需要晦涩难懂的逻辑

过去人们一直认为，在 SCM 系统中安装了高深的逻辑就是其性能优异的证据。但是就算其数理运算再正确，再如何考虑到了所有详细的条件，也不一定具有管理学上的意义。

暂且不论其逻辑正确与否，事实是，简单易懂的道理更加易于人们做出判断与决策。

比如说，“需求预测负责人采用‘Croston 法’进行了预测”，但他是否能够对预测结果提出的数值表示认同并负责呢？恐怕负责人还是会对比过去的出货实际倾向或是比照同年同时期的数据，调查是否有出货异常、是否举办了活动、是否扩大了销售等问题，在觉得能够放心之后才会将预测值确定为计划吧。

如果预测结果不合理的话，负责人肯定会认为是统计预测模型的参数与逻辑出现了问题。而此时他们能否从自己搞不懂的统计模型中发现问题点呢？

而如果说逻辑是“移动平均法、季节变动分析”之类的话，人们从直觉上就会觉得能理解这种逻辑。我们不妨放弃难懂的模型，以容易理解的逻辑为参考，并且参照过去的数据，最后由人来负责制订计划系统，这样就足够了。就算看着同一画面进行讨论，人们也需要理解其前提、过去的信息与计划逻辑，才能商谈、理解、进行决策。因此，可以看到过去与现在的情况、可以看到将来的计划、可以进行共同沟通的简单系统更加重要。

⊙ SCM 系统让人可以理解就足够了⊙

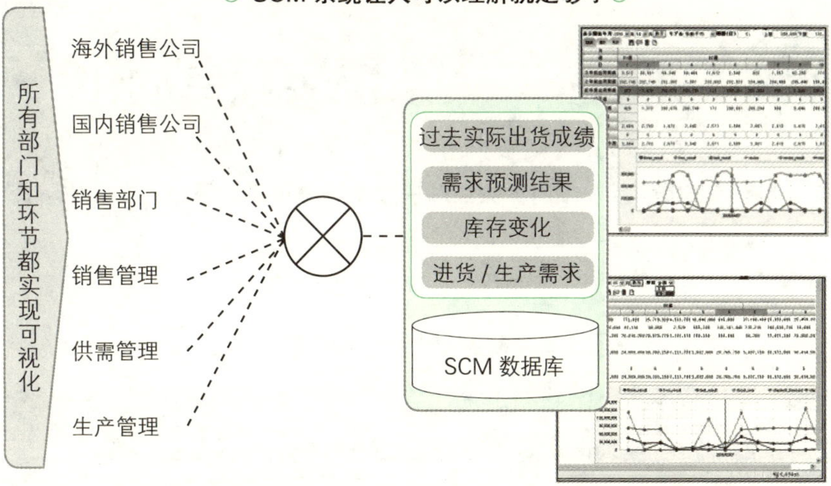
所有部门和环节都实现可视化
海外销售公司
国内销售公司
销售部门
销售管理
供需管理
生产管理
过去实际出货成绩
需求预测结果
库存变化
进货 / 生产需求
SCM 数据库

因为是辅助决策的工具，所以能作为沟通的基础就足够了

供需计划中的制约条件也是一样。就算没有复杂的检查制约条件的系统，也可以在通过计算进行自动化分配之前，由人来发现哪种材料容易断、哪条生产线快达到能力上限了等简单的信息并且进行处理。我们不需要花费数亿日元来构建系统，只要培养几名优秀的计划负责人就完全足够了。

❖ 将 SCM 系统设计为沟通型的简单系统

2000 年前后在引进庞大而复杂的 SCM 系统包时遭受失败的公司对当时的情况进行了充分的反省，认识到建立简单易懂的 SCM 计划系统就足够了。当然，并非所有的公司都是如此，SCM 原本就是一种管理，只要是由人来进行决策的话，只需要“可视化”地反映出现状与计划以及实施计划后的未来情况就已经达到目的了。

“员工都是普通人，他们只是作业人员而已，应该遵循专业人员所设计的系统去操作。”这种想法尤其不被日本制造业所接受。因为日本制造业的经营土壤不是盲目地听从系统给出的答案，而是首先由人来确认情况，再由对数字负有责任的人们通过讨论达成一致的意见并且做出决策。

9-3 "通过 SCM 系统实现自动化"是幻想吗?

正因为难以做出机械性的决策，资深员工才肩负着重要的职责

✤ 投资系统不如投资人

有些公司为引进需求预测系统投入了数亿日元资金。他们聘请大学教授，花费成本与时间建立了统计学上极为准确的预测模型，但是这一系统最终却没有投入使用。因为资深员工的预测准确度要更高。

此外，还有一些公司将生产线、零部件与模具同时调整到了最合适的状态，开发了能够按期交货的计划生产系统。然而遗憾的是，投入数亿日元、花费两年以上引进的系统也并没有被使用。因为光是计算就要花费半天时间，稍微改变一点数据的话，就不得不等到第二天才能确认模拟运算的结果。比起使用这种系统，由资深员工确认各项条件后制订计划要更快。结果还是资深员工胜出。

高级 SCM 系统需要花费数千万日元到数亿日元引进，之后一般每年都需要花费数千万日元进行系统维护工作。然而，系统的使用寿命却不到 10 年。就算不再使用该系统了，只要签署了维修合同就还需要花费维修费，同时还会产生硬件的折旧费。而且也不是说有了系统就不需要计划负责人了，所以人事费也要照旧支出。

而即使以年度来计算，一名资深员工的人事费也不会那么高。培养资深员工除了人事费以外，只需要花费一定的教育经费。因此，比起将上亿日元的金额投入到系统的引进上，培养专家人才要更加重要，大家都能明白这个道理吧?

✤ SCM 系统是做出 SCM 上的决策的辅助工具

与供应链相关的决策是由人根据业务的方向性来决定的。其并不能够

⊙ “系统 VS. 人才”的性价比⊙

系统成本
许可证费用
开发费用
维护费用
教育费用
升级等
人才培养成本
人事费
教育成本
&
合理的系统成本

在选择时应同时考虑性价比与人才的士气

事先依据有限的逻辑，进行机械性的决定。**并不是说只要引进了 SCM 系统，就能解决所有问题。**

如果处理的品种过多的话，只需分担责任、增加人手即可。仅仅因为处理的品种过多就引进高价系统是说不通的。判断是由人来进行的，如果由于品种太多忙不过来就交给系统处理的话，那就说明这些原本就不是重要的品种。这样的话，只需要设置简单的系统、控制投资，在必要的时候重新检查一下就足够了。

而且，要想实现全球化 SCM 的话，如果连现在各个据点处于怎样的状态、做出怎样的决策、将来会变成怎样等情况都不清楚，就算引进了高级 SCM 系统进行自动计算也没有任何意义。

我们首先需要通过简单的机制，掌握各个据点的现状以及销售计划、库存计划、进货・生产计划、采购计划，并且掌握各个据点之间构成了怎样的供需关系。之后再由资深员工进行判断，制订计划措施，根据需要接受管理层的审批，这样就足够了。

9 4 供应链的“可视化”

把握需求信息与供给信息的现状与未来

SCM 的“可视化”

SCM“可视化”的目标是构建这样一种机制：在该机制中可以掌握需求信息与供给信息，并且及早掌握变化的异常、供需平衡（Demand Supply Balancing）的异常，在验证其影响的基础上，进行决策采取相关的行动。

在需求信息方面，首先要看市场有着怎样的需求；与上次计划相比是否出现突然增加需求或是减少需求的情况；顾客的购买预定与实际订货阶段的数额有多大差异；销售公司向工厂订了多少货物，等等。因为掌握需求信息的变动是 SCM 的基础。另外，此时如果设置了需求发生过大变动时就给出警告的功能，就能够让人迅速地察觉到异常情况。

另一方面，反映供给情况的是供给信息。生产、仓库的预定库存能否满足订货数量；能否遵守交货期；当无法满足需求时，会给库存带来怎样的影响，以及是否会产生缺货的风险；或是由于工厂停工，事先准备的库存能积累到哪一程度，等等，掌握这些供给信息是 SCM 的另一个基础。与需求信息一样，如果在出现异常情况时给出警告的话，就可以让人迅速地察觉到异常情况。

供应链的可视化可以提高控制能力

如果能够实现 SCM 的“可视化”，就相当于获得了控制 SCM 的杠杆。

然而，几乎所有公司都看不到自己公司的供应链现状与计划情况。即使是公认的十分卓越的公司，或是宣扬“我们公司的 SCM 成功了”

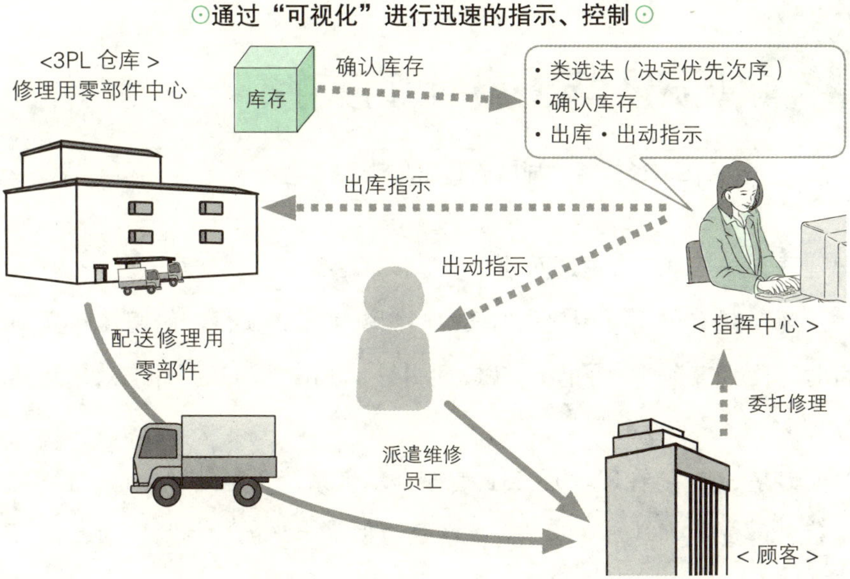

⊙通过“可视化”进行迅速的指示、控制⊙
<3PL 仓库 >
修理用零部件中心
库存
确认库存
・类选法（决定优先次序）
・确认库存
・出库・出动指示
出库指示
出动指示
< 指挥中心 >
配送修理用
零部件
派遣维修
员工
委托修理
< 顾客 >

的公司也几乎都处于同样的状态。

实际上供应链是靠负责人的努力而支撑起来的，许多公司管理层的决策相当于零。公司或是只顾着盯住“减少库存”这一点；或是看到竞争对手在杂志上的事迹，尽管销售的商品和所处的行业完全不同，却提出要达到同一目标值，等等，在很多例子当中，公司的管理层都完全没有进行实际情况分析、判断与决策。

换言之，许多公司在执行业务时看不到未来的销售计划有着怎样的趋势、应该如何准备库存来应对该趋势、应该如何生产与采购来进行供给等。

而若能将整条供应链“可视化”的话，情况就会发生翻天覆地的变化了。也就是说，公司可以做出具有战略性意义的决策，如：因为未来有着怎样的销售计划所以才这样准备库存；因为工厂要停止生产所以暂时增加库存；因为是战略性商品所以先行配置库存；因为是一次性销售完毕的商品所以缺货也不用理会，等等。

9-5 ERP 与 SCM 的关系

实施业务型与计划型的功能互补

✣ ERP 与 SCM 系统是两回事

现在还有公司将引进 ERP 的项目称为 SCM 项目。他们在建立项目时往往会宣扬“为了构建 SCM 而引进了 ERP。削减库存的效果达到 ×× 亿日元”之类的话。

但是 SCM 是管理。而 ERP 是综合基础系统，是处理会计、接单、出货、订货等业务的实施型系统，其与促进未来的计划与判断的 SCM 是两回事。

大部分 ERP 系统是在出具票据时开始实施业务，记录其结果，并且将会计数据汇总归档。使用此类系统能够设定库存与缺货率等与 SCM 相关的目标值，这其实意味着默认了作业水平存在着某些问题，如实施业务时错误很多、没有下达准确的指示、由于没有及时记录而导致指示错误等问题。

如前文所述，SCM 是未来的业务构思以及在明确现状与长期性计划的基础上进行迅速的、短周期的判断和决策，因此 SCM 是为了用 ERP 指导实际性业务而制订计划，通过 ERP 来进行实际指示。换言之，SCM 承担了决策头脑的职责，而 ERP 并没有。

✣ ERP 是数据库，是 SCM 必不可少的数据源

首先我们必须认识到，ERP 无法获得 SCM 希望达到的目标与效果，就算想要以此为目标，也难以期待其取得很大的效果。修正实际中的问题只能对库存与缺货进行微不足道的改善，如果没有能够切实制订计划、迅速处理各种情况的 SCM 系统，就不可能取得较大的效果。

⊙没有 ERP 就没有 SCM ⊙

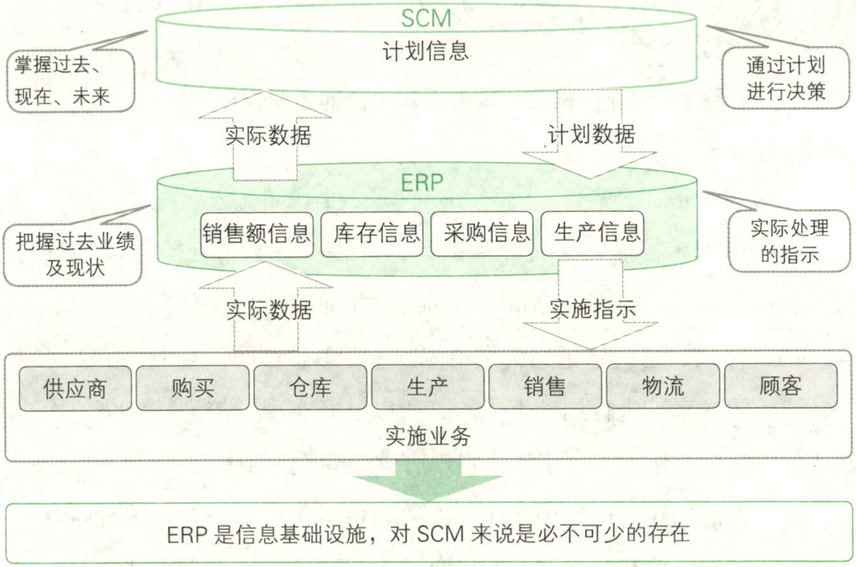
SCM
计划信息
掌握过去、现在、未来
通过计划进行决策
实际数据
计划数据
ERP
销售额信息
库存信息
采购信息
生产信息
把握过去业绩及现状
实际处理的指示
实际数据
实施指示
供应商
购买
仓库
生产
销售
物流
顾客
实施业务
ERP 是信息基础设施，对 SCM 来说是必不可少的存在

如果不构建计划管理的 SCM 系统，就难以迅速掌握情况并进行决策，即使凭借引进 ERP 可以迅速地进行处理，也很少能够成功地大幅度减少库存与缺货情况。

不过，这并不意味着 ERP 不重要。相反，ERP 是非常重要的。因为如果没有实施指示与实际数据的话，业务本身就无法成立了，所以**ERP 等实施型系统是必不可少的。**SCM 系统如果没有现状数据、实际数据的话也没法运行。相反如果实在是没有计划型系统，也可以用表格计算软件等来代替。

尽管以 ERP 为代表的实施型系统无法取得 SCM 上的巨大效果，但是在业务实施方面依然是不可或缺的。ERP 还为 SCM 这类计划型系统提供了数据源，从这一意义上说其也是不可缺少的存在。

最近人们已逐渐普遍认识到了“ERP 是实施业务的基础设施，与 SCM 系统是两回事”。

9-6 实现可 24 小时 365 天配送的物流

无论国内外，构筑让顾客无需等待的组织架构

✣ 日本国内正在实行 24 小时 365 天不间断的物流服务

便利店等零售业为了补充商品，24 小时 365 天都在不间断地进行配送。在 B to C（Business To Customer）的领域当中，为了满足消费者 24 小时的需求，已构建了这种供给体制。在 B to C 的领域中，由于可以提高补货的频率、进行周期性供给，所以已经实现了较为常规化的物流处理方式。公司作为一个组织也可以有效地建立这种机制。

另一方面，在 B to B（Business To Business）这一企业间进行商业交易的商业领域，也有越来越多的行业要求做到 24 小时 365 天配送。

比如医院。由于不知道什么时候会出现急救病人、紧急手术、检查等，而当时如果没有必需的手术工具、人工关节或是导管等的话，也不可能让医院“等到明天早上”。

医院也会备有一定的库存，但这是有限度的。为了应对这种情况，要求医疗器械厂商与其销售公司做到 24 小时 365 天配送。也就是说，这些公司必须建立 24 小时 365 天待命的呼叫中心、仓库与配送体制。

使用产业用设备的公司也要求进行 24 小时 365 天的应对处理。如果在 24 小时运行的工厂中出现机械故障的话，会使生产受到极大的影响。尤其是在工厂全力运行以降低成本时，或是赶交货期时设备出现故障的话会非常麻烦。

首先，要求向呼叫中心进行快速通知以及之后的技术性处理都要达到 24 小时 365 天处理。此外，不仅是技术咨询和派遣售后人员，还有

⊙全年无休的24小时服务机制是理所当然的⊙

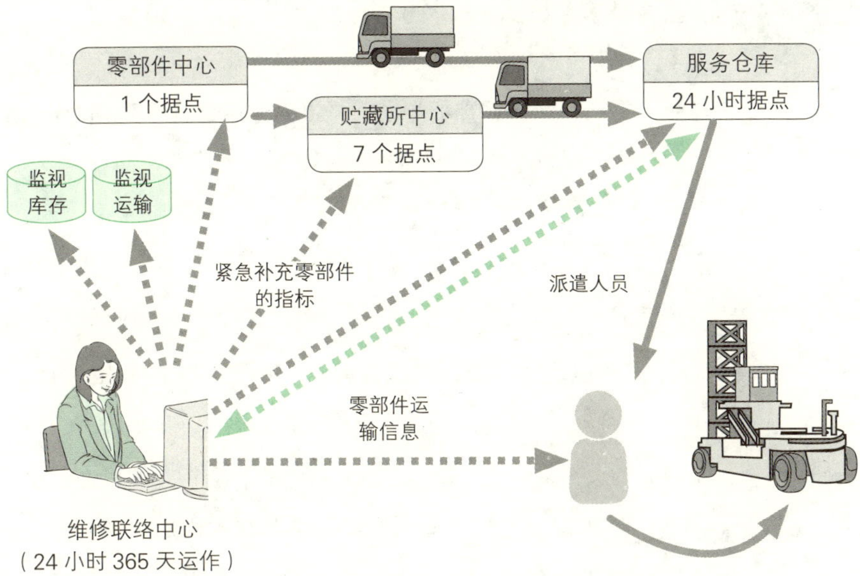
零部件中心
1个据点
贮藏所中心
7个据点
服务仓库
24小时据点
监视
库存
监视
运输
紧急补充零部件
的指标
派遣人员
零部件运
输信息
维修联络中心
（24小时365天运作）

用于出货修理的备件也需要做到24小时365天处理，否则会导致出现就算派遣了修理人员，也因为备件没送到而无法修理的情况。

因此，还有一些公司将售后服务支持中心设立为独立的零部件中心，使其能够适应24小时365天的问题处理。

❖ 还有成立全球化零部件中心的例子

海外的顾客在引进机器时，由于时差等原因，会理所当然地要求进行24小时365天的处理。如技术咨询、备件出货处理等。

尤其是备件的出货、供给时机不好的话，有可能需要花费极长的时间。为了避免这种情况发生，有些公司成立了全球化零部件中心，24小时365天对技术咨询与出货问题进行集中处理。

9-7 亚洲各国计划·实际业绩的“可视化”

与生产据点、销售据点取得显著发展的地区进行 SCM 合作

❖ 作为生产据点的亚洲发生的变化

日本制造业进军亚洲建设工厂是因为其注意到了当地人事费用低廉等成本方面的优势。公司不管三七二十一先建设工厂，而将业务规定与系统建设推后、建立起量产体制，通过人海战术来进行生产与生产管理。因此，海外工厂的生产、库存与产量的管理都很粗枝大叶，他们没有进行精细的控制，而是廉价地大量生产，用大量的库存来弥补交货期的稍许延迟。

因此，不仅工厂内部与亚洲据点内部的业务整顿工作落后，建设系统基础设施、通讯基础设施的工作也十分落后。不论是日本的生产指示，还是当地对交货期的回复，都是通过传真进行，最多也就是使用电子邮件。当地的计算机操作水平也很低，处于完全无法引进计算机系统的状态。

然而，目前承包日本业务的亚洲各国也不再只是低级商品的生产据点了。由于其逐渐发展为生产附加价值高的产品、零部件的重要据点，所以各据点之间必须紧密合作、共享计划，否则就无法达到 SCM“在必要的场所、必要的时间、以必要的数量供应必要的产品”的目标。

❖ 亚洲作为销售据点的崛起

亚洲曾经因为成本低等原因而主要被视为发达国家的海外生产据点，但是最近亚洲各国的购买力得到了提高，因而其作为销售据点的重要程度突然增加了。中国 2006 年的 GDP（国民生产总值）已接近全球排名第 4 位的德国，韩国、印度、土耳其位列前 20 名以内，印度尼西

⊙从生产据点向销售据点转化的亚洲⊙

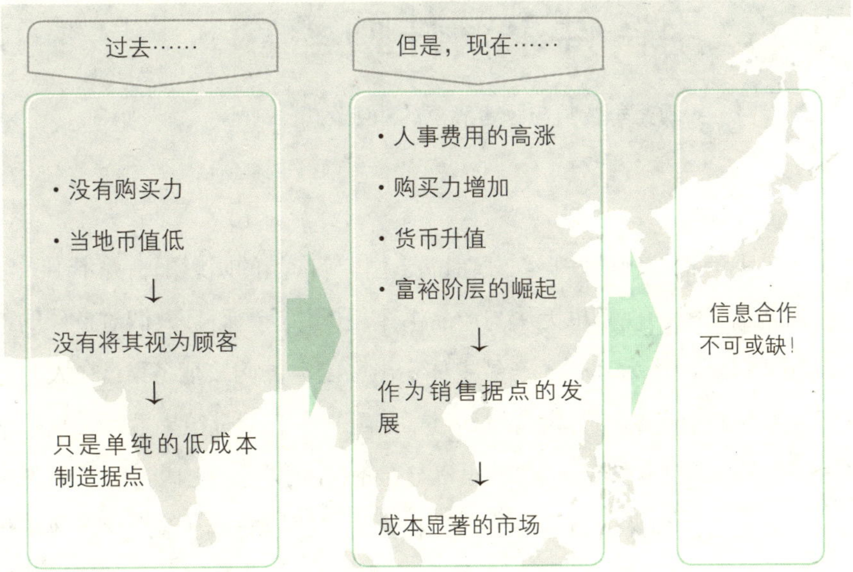
过去……
·没有购买力
·当地币值低
↓
没有将其视为顾客
↓
只是单纯的低成本制造据点
但是，现在……
·人事费用的高涨
·购买力增加
·货币升值
·富裕阶层的崛起
↓
作为销售据点的发展
↓
成本显著的市场
信息合作
不可或缺！

亚也快要进入前20名了。

由于经济的高度成长，亚洲各国的人事费用也在逐渐提高。虽然人均GDP还达不到发达国家水平，但是人们的收入水平得到了提高，可以看出其不再仅仅是世界的产品供给基地，而是逐渐发展为重要的客户市场。

这样的话，就要求销售据点拥有详细的销售计划、库存计划与采购·生产计划。过去通过经销商销售或是亚洲销售公司凭借较低的业务水平、系统基础设施水平与粗制滥造的计划应付了事的情况发生了极大的改变。

实际上，日本一些大型厂商的亚洲本地销售公司已经开始使用可以看到当地的销售、库存、采购情况的“可视化”系统，共享销售计划与库存计划。因为不采取这些措施的话，就无法在购买力增加的亚洲据点达到SCM“在必要的场所、必要的时间、以必要的数量供应必要的产品”的目标。

9-8

用备件来留住顾客

实现竞争优势与顾客满意的“宝藏”

❖ 备件领域发展滞后

过去的备件领域一直隐藏在机器主体等产品的阴影下，并不引人注目，其销售额的规模也无法与产品主体相提并论。而且人们对备件的认识程度很低，认为其是“产品主体卖出去之后的附带业务”，在人才分配、系统投资等方面都没有得到过多的重视。有调查结果显示，从系统投资方面来看，对产品主体的投资与对备件的投资之比达到了 8.5:1.5。

于是自然而然，就有许多公司在该领域的标准化、系统化、效率化以及改革都十分落后。而且不少员工很不情愿被分配至这一部门，他们嫌弃这一善后工作过于繁杂，而且容易遭到顾客的挑剔。然而，现在情况大不一样了。由于该部门是与顾客打交道最多的部门，所以会接受顾客的评价，逐渐成为了公司内的重要部门。此外，该部门还有大量改革的机会，对员工来说也十分有意思。

❖ 通过备件战略留住顾客

在生产 · 销售需要 24 小时 365 天不间断运行的机器与生产设备的公司中，备件已经占据了战略性的地位。最近产品主体已经越来越难以体现出差异，于是公司都希望通过售后服务来建立竞争优势。

其核心便是技术支持与备件供给。技术支持是以回复客户咨询和迅速修理为主要内容的差异化领域。备件供给支撑着迅速修理工作，当出现客户通过咨询无法修复的障碍或故障时就需要销售方进行修理，因此迅速地派遣员工、供给备件是必不可少的。

⊙未来技术中心将会出现更大差异⊙

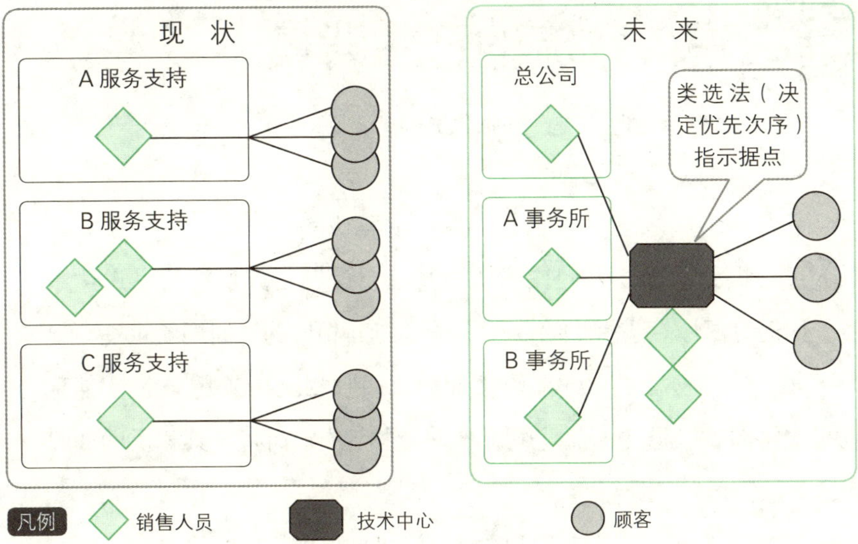
现 状
A 服务支持
B 服务支持
C 服务支持
未 来
总公司
A 事务所
B 事务所
类选法（决定优先次序）指示据点
凡例
销售人员
技术中心
顾客

因此，我们需要分层配置备件，达到能够迅速送达一部分备件，而且事先准备好很少出货的维修用零部件，使其不会缺货，这样不仅可以提高服务水平、提高零部件的销售额，同时还能提高顾客满意度。如果能够做到迅速地送达备件、迅速进行修理的话，顾客满意度也会上升，还能与下一次的需求相关联。也就是说，通过这种方法来留住顾客。

此外，一些公司开始为落后的服务领域引进基础系统、SCM 计划系统、CRM 系统、维修记录系统等。如果公司具有高水平的售后服务质量，则顾客也会放心地再次购买。

在这一情况下，生产设备、物流机器、OA 机器、医疗器械等行业自然将售后服务视为战略目标领域。在商用车行业、施工机械行业等 B to B 的行业当中，重视售后服务也成为了潮流。因为如果备件没能送到，无法马上进行修理的话，就会导致顾客流失。就算是为了留住顾客，向售后服务领域进行投资也是必不可少的措施。

9

9 逆向物流的产生背景

被称为回收物流、静脉物流的新浪潮

✣ 不光是出货，回收也逐渐成为了重要功能

过去提到 SCM，人们往往认为其主要课题是如何将货品送达给顾客、如何分配库存进行供给。然而最近与其相反的逆向潮流也逐渐显现出了必要性。这种逆向的潮流又称为“**回收物流**”或是“**逆向物流**”，也有人将向顾客送达商品比喻为“**动脉物流**”，而将与其相反的回收物流称为“**静脉物流**”。

逆向物流变得越来越重要的背景是回收利用与环境问题。

回收利用的课题首先是再次利用修理时回收的机器、零部件。有时可以回收故障零部件进行再次利用，也有些零部件只要拆除故障部位就还能使用，所以出现了将这些合理回收、再造的机会。

同时现在还出现了精确记录回收、再造的零部件历史的作业。这就是**可追踪性**。人们有必要知晓零部件是全新的还是再造的，有必要精确地追踪其历史。最近不光是零部件，还从节约资源的观点出发，对手术工具等辅助型商品类型或是人工关节等出货了但是并没有得到使用的产品实施再造、再次利用。

同样的，对随意废弃会给环境造成严重污染的产品，也逐渐有义务建立回收物流了。

✣ 回收品、翻新品的物流

SCM 的目标是制订尽可能高效的计划，进行生产与采购。然而人们并不知道何时会进行回收与翻新。

⊙逆向物流是时代的要求⊙

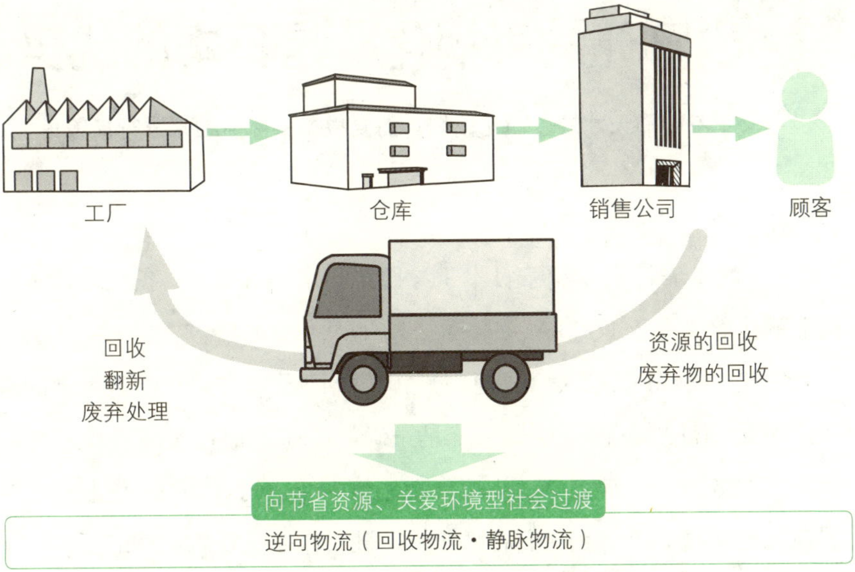
工厂
仓库
销售公司
顾客
回收
翻新
废弃处理
资源的回收
废弃物的回收
向节省资源、关爱环境型社会过渡
逆向物流（回收物流·静脉物流）

比如说，发生故障是突发情况，难以事先制订修理计划，如果生产流水线空闲的话还能修理，但是如果流水线繁忙的话，就会面对推迟修理还是停止生产进行修理的两难选择。

此外，对于修理时替换下来的零部件，在考虑是将其回收还是修理后作为再造品进行利用时，会出现成本与质量的问题。由于是回收品或是翻新品，所以成本要比购买新品低。尽管在计算成本时要便宜一些，但是如果不对每个产品都计算成本的话，即使使用了回收品、翻新品，有时候也看不到其为降低成本所做的努力。

在质量方面回收品、翻新品也有许多课题，比如说质量是否比不上新的零部件，或是翻新后有没有功能上的问题，如何处理外观上有陈旧污损的情况，等等。但是，由于今后保护环境的课题将会越来越重要，所以回收、翻新也会变得越来越重要，我们有必要将其视为SCM的课题，及早进行处理。

9-10 "PSI的可视化"是日本的优势

不能靠天才的自动化计划，而要根据实际业绩来进行决策！

发源于日本的"PSI"

PSI的供需计划发源于日本（参照第4章第2节）。我认为日本制造业的优势正在于PSI。

欧美的SCM总给人感觉他们只相信统计天才或是经营工程学的奇才所想出的计划逻辑与计划系统是正确的，而不信任实际操作者的头脑。其业务规定"计划负责人应该使用该系统进行计划"，作业人员根据该规定实施业务。在他们看来按规定进行作业是理所当然的事情。于是强烈要求负责人根据系统计算出的"最佳值"订货。

然而日本的计划负责人则不同。他们拥有一种责任感，会不断地询问"为什么是这个数字？这样靠谱吗？"此时，**PSI的信息**就起到作用了。他们会检查"S"（Sale），即对照过去出货的实际业绩，检查该销售计划是否正确；检查库存计划的"I"（Inventory），即判断库存是否充足、是否能够承受销售变化风险、供给风险；检查"P"（Production），即判断是否满足了生产要求、入库预定是否正常。接着对PSI进行综合的验证，最后才确定计划。

将PSI"可视化"与管理层共享，并且将其与预算联系在一起进行决策，通过该方法逐步建立管理上的计划。

"PSI的可视化"

概括地说，"PSI的可视化"是指通过看到PSI的过去、现在、未来，事先察觉到有可能对未来的计划造成影响的情况，并且能够做出行动的

⊙通过 PSI 表迅速进行决策⊙

现在

			X–1 月	X 月	X + 1 月	X + 2 月
P Production Purchase 生产计划・采购计划	生产	实际成绩 / 计划	10	0	0	0
S Sales/Ship 销售出货计划	销售	实际成绩 / 计划	10	10	10	10
I Inventory 库存计划	库存	实际成绩 / 计划	20	10	0	–10

X+1 月库存罄尽

实际成绩 = 过去　　计划 = 未来

PSI 表是将 PSI 的过去、现在、未来可视化的表格

- 避免库存降低、缺货（及早的加速、限制生产）
- 降低由于紧急出货造成的空运费用等物流费用
- 通过业务可视化明确业务责任、权限
- 通过业务可视化明确改善点
- 根据生产计划与运输计划的配合回复交货期
- 确认改变生产计划、运输日期的影响

决策。因此，其中反映了计划与实际业绩的对比、该对比的现状，只需要做到在此基础上预计过去、现在的结果将会给未来的计划带来怎样的影响、应该如何改变未来的计划即可。

输出为 PSI 表。PSI 表当中只表示 PSI 过去、现在、未来的数值。如果还有表格的话就没问题了。从 PSI 表可以看出库存何时快要罄尽。从销售（S）与进货（P）数据来对库存（I）进行收支处理，即可以看出库存在何时减少。这样一来，即可看出如果不增加订购、进货（P），增加库存（I）的话，就会造成缺货。

或是有时会看到销售（S）下降，但是某地的库存（I）却增加。此时则应该停止订货（P），减少库存（I）。

通过 PSI 表还能模拟这些决策结果会带来怎样的影响，并且控制库存。

column

PSI 连锁是公司的脊柱

——需求与供给的信息控制了商品流向——

◆◆制造业是通过销售—库存—生产·采购的连锁成立的

制造业是制造商品并进行运营的行业。销售公司则有自己的库存，以该库存为基点进行销售—入库—进货。销售公司的进货与厂商产品仓库的出货有联系。厂商的产品仓库也有自己的库存，并以该库存为基点进行出货—入库—进货。而厂商产品仓库的进货又与工厂的出货有联系。同上，工厂也有出货—入库—生产，这样一来各大库存据点就形成了连锁关系。

以上介绍的是 PSI 连锁中需求方的连锁（需求连锁），而与其相反，还有工厂生产—入库—出货与厂商仓库的进货—入库—出货、以及与销售公司的进货—入库—销售相关联的连锁。这叫做供给方的连锁（供给连锁）。

不过，说到底 PSI 只是信息的连锁。如何通过该信息做出决策，使得 PSI 连锁的需求与供给保持平衡则是供需平衡的业务了（参照第 4 章第 5 节）。该信息流程反映了连接顾客到供应商的信息流程与决策流程。

PSI 是控制制造业产品流向的脊柱，PSI 连锁就像是脊柱中的中枢神经。通过控制 PSI 可以控制产品流向。

第10章

为了建立更加强大的SCM，必须解开“绳索”“重新编织”

1. 解开SCM的“绳索”
2. 应解开的“绳索”①
   产品层次的特点
3. 应解开的“绳索”②
   据点·组织层次的特点
4. 应解开的“绳索”③
   时间单位（时段）与对象期间
5. 应解开的“绳索”④
   滚动的规则
6. 应解开的“绳索”⑤
   确定制约条件
7. 应解开的“绳索”⑥
   计算标准库存的思路
8. 应解开的“绳索”⑦
   需求预测单位的组合

10

1 解开 SCM 的“绳索”

弄清千差万别的管理方法

✣ SCM 为什么如此困难?

在引进 SCM 时，经常会听到有人说“为什么改革需要花费这么长的时间”“为什么要花这么多钱在系统上”之类的话。从结论来说，正是因为很少有人能够清楚地解明各个企业千差万别的管理方法中的关键架构，所以才会导致尽管花费了大量时间与金钱,SCM 却无法顺利运行。

SCM 具有很多错综复杂的因素，对于这些应该认识到的重点与管理的关键，我们必须牢牢加以掌握，否则将会一事无成。

✣ 解开“绳索”、弄清业务

“绳索”有以下 7 个项目：

①产品层次

②据点・组织层次

③对象期间与时间单位（bucket，时段）

④滚动

⑤制约条件

⑥库存计算标准

⑦需求预测单位

使用“绳索”这一比喻是因为这些项目的业务就像前文所介绍的一样紧密相关，如果不分别对其进行严密的解释并做出定义的话，就无法设计出合格的业务。为了构建高完成度的 SCM，需要对以什么为判断依

⊙ SCM的“绳索”与计划⊙

	需求预测	销售计划	供需计划	生产计划	采购计划
“绳索”① 产品层次	○	○	○	○	
“绳索”② 据点・组织层次	○	○	○	○	
“绳索”③ 对象期间与时间单位（时段）	○	○	○	○	○
“绳索”④ 滚动	○	○	○	○	○
“绳索”⑤ 制约条件			○	○	○
“绳索”⑥ 库存计算标准			○	○	○
“绳索”⑦ 需求预测单位	○				

○：“绳索”相关业务

据、如何进行决策等业务重新进行定义。

比如说，各个公司由于产品层次与据点・组织层次的不同而制订的销售计划也都不尽相同。

如果是电脑的话，在单品这一产品层次中，就会按照在北美、欧洲、日本以及其他地区的组织层次制订销售计划。而卡车与自卸汽车则可根据车型与引擎型号在各个国家制订销售计划。从这个例子中可以看出，电脑厂商采取的业务形式是根据实际销售成绩来决定销售计划，而卡车与自卸汽车却不同。因此我们有必要弄清楚不同企业的业务区别。

✣ 将解开的“绳索”重新“编织”业务

我们通过解开的“绳索”可以搞清楚应该用怎样的观点来考虑SCM。接着需要将解开的“绳索”重新“编织”为业务。比如说，通过产品群制订销售计划，在供需计划中为库存数量与生产要求制订计划时，将产品群以单品为单位进行分解，等等，在各种业务中将“绳索”重新编织起来。

10

2 应解开的“绳索”①

产品层次的特点

在产品的哪一层次、哪个时机进行决策？

✣ 明确在哪个产品层次制订计划

我们有必要根据需求预测、销售计划、供需计划、生产计划的各项计划来定义产品层次。

产品从最下层开始往上分别有品种、系列、范畴等层次。当然，各个企业对这些层次的称呼与区分方法各不相同，但是我们有必要依据各自的计划明确在哪一产品层次进行决策。让我们来看看家电的例子。这只是产品层次的例子，比如说索尼的液晶电视在液晶电视的范畴中有一个系列叫 X5050 系列，其中有一个 KDL-52X5050 的品种。

我们可以通过品种、系列、范畴来看待销售结果，同时应该根据需求决定在哪一产品层次来进行思考。比如说在制订需求预测与销售计划之际，以品种作为单位的话就过于细分了，因此应以上一层次的系列来计划，而需求计划与库存相关，所以应以品种来计划，等等。

✣ 在哪一产品层次制订计划没有一定之规

产品层次没有所谓的正确答案，每个企业的情况都有所不同。比如说，索尼、松下与日立的定义与各个计划中使用的层次或许各不相同。虽然这一问题需要个别企业个别讨论，但是也有一定的切入点。

其他行业也是千差万别。比如说，感冒药的销售计划首先以感冒药总体能够卖出去多少的范畴为单位进行计划。销售计划这样就可以制订完成了，购买原料的采购计划也可以用感冒药的范畴来制订。不过，包装材料则必须要在知道包装了多少的单品计划后才能购买，所以应按品种层次来决定采购计划数量。

⊙ 在哪一产品层次制订计划、进行决策？ ⊙

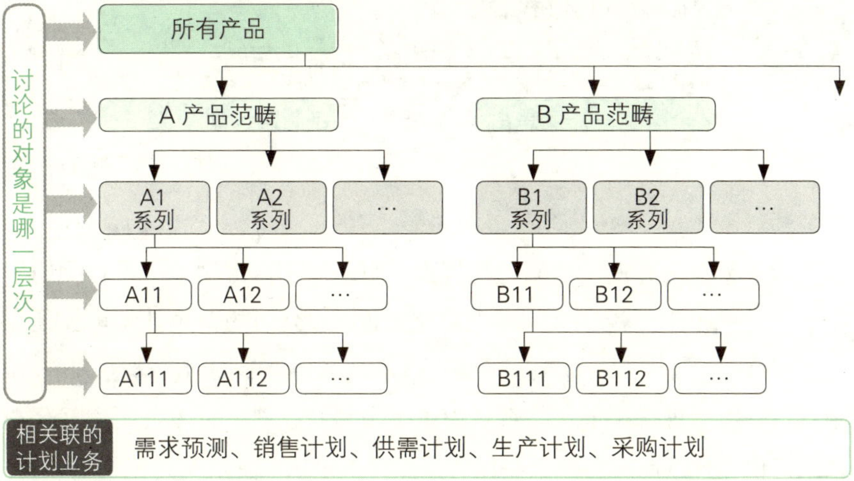
讨论的对象是哪一层次？
所有产品
A 产品范畴
B 产品范畴
A1 系列
A2 系列
…
B1 系列
B2 系列
…
A11
A12
…
B11
B12
…
A111
A112
…
B111
B112
…
相关联的计划业务
需求预测、销售计划、供需计划、生产计划、采购计划

另一方面，销售部门在开展活动时如果还没有决定活动中使用的是每袋 30 包的产品还是每袋 100 包的产品的话，就无法制订应该填装、包装哪种产品的计划，所以此时应该将以范畴为单位的销售计划分解为以品种为单位，确定活动中增加的生产数量。

与其相同，汽车厂商在制订销售计划时也许以车的种类、车型及引擎为基础就足够了。但是由于不确定颜色、座椅材料、选用配置等“单品车型 + 明细附属品”的话就无法生产，所以通过哪一产品层次来思考哪一计划是十分重要的。

像这样，我们需要明确在各个计划中以哪一层次来制订计划，并且思考变换的可能性。因为如果不将“范畴单位、销售计划”转变为品种单位，或是不将“车的种类、车型及引擎单位”的销售计划转变为“单品车型 + 明细附属品”的话，就无法做出决策。

换言之，在制订各种计划时，需要解开能够进行决策的产品层次的“绳索”，并且根据各个企业自身的情况，将应在哪一时机的哪种业务功能上如何进行判断、做出决策的问题“编织”起来。

10-3 应解开的“绳索”②

据点·组织层次的特点

是全国统一，还是由每名负责人各自制定计划

✣ 据点的层次、组织的层次、两者的结合

接下来应解开的“绳索”是据点·组织层次。借用上一节提到的液晶电视的例子来讨论这个问题吧。比如说，A公司的销售计划可能是在北美、欧洲、日本和其他地区的据点以产品系列为单位制订计划。B公司则有可能以全球统一的产品系列为单位来制订计划。而A公司和B公司在制订供需计划时，可能都是以各据点为单位以品种展开讨论计划数量。

接着还需要确认据点层次与组织层次的关系。比如说，有时在北美据点制订销售计划，但活动却是通过北美境内各州分店的各大组织来举行的。或者是有可能公司在日本国内制订了统一数额的销售计划，但是具体活动计划却是由 Yodobashi Camera 等大型量贩店的各销售部门制订的。这样的话，就需要明确据点单位与组织单位各自制订销售计划的方法以及两者的融合方法。

无论是据点层次也好，还是组织层次也好，在某一层次制订的计划会进行累积或是分解。这种累积、分解的方法也是应明确的“绳索”。

✣ 为了制订生产计划而分解供需计划等

此外，即使某一据点层次、组织层次制订了销售计划、供需计划，如果想要与生产计划建立联系的话，还需要将其分解为能够建立起联系的据点单位或是组织单位。一般来说，人们会将需要生产的数量按照产地重新整理，为各个生产据点建立各自的生产计划。比如说，即使在北美制订了销售计划、供需计划，同时也确定了北美的库存数量，但如果每个品种的生产据点分散在美国国内、亚洲、日本的话，就有必要将需

⊙在哪个据点·组织层次制订计划，进行决策？⊙

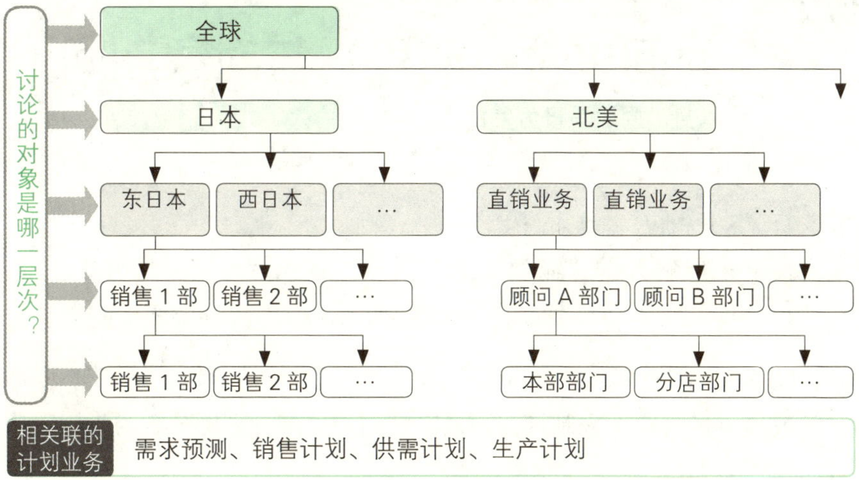
讨论的对象是哪一层次？
全球
日本
北美
东日本
西日本
…
直销业务
直销业务
…
销售 1 部
销售 2 部
…
顾问 A 部门
顾问 B 部门
…
销售 1 部
销售 2 部
…
本部部门
分店部门
…
相关联的计划业务
需求预测、销售计划、供需计划、生产计划

要生产的数量按照产地重新整理，再发送通知至每个据点。

像这样，思考应该在哪一据点层次、组织层次制定销售计划、供需计划、生产计划即意味着决定能够做出决策的据点·组织单位。因此这也是重要的解开“绳索”与重新“编织”。

也有一些企业的据点层次与组织层次中，一旦管理预算的层次与SCM 中制订计划的层次不同的话，就难以管理收益。因为如果策划预算时的层次与掌握每月计划、实施的收益的层次不同的话，就难以衡量预算完成度。因此据点层次与组织层次是需要仔细讨论的“绳索”。

❖ 还要注意据点·组织之间的关系

与销售相关的据点·组织也好，与生产相关的据点·组织也好，它们都有各自的预算，各自对收益负有责任。由于制订计划与变更会给双方都带来影响，所以据点间、组织间的业务合作水平以及层次的合作都是十分重要的工作。我们在考虑业务时，不应该采取“销售的某一个部门对工厂”、“制造生产线对销售公司”等形式的合作，而应该做到通过“销售部对工厂”、“工厂对工厂”等对等的层次进行决策。

10 4

应解开的“绳索”③

时间单位（时段）与对象期间

以月、周还是日为单位

❖ 解开时间轴的“绳索”

接下来应解开的“绳索”是时间轴。首先，计划单位有年、月、周、日（进一步来说就是时间单位）等。SCM 将该单位称为时段。时段（Bucket）意思是数字汇总的时间段的大小。比如说，销售计划以每月的数值（月时段）来制订，而供需计划与生产计划则分解为每周数值（周时段）来制订。

时段与业务周期也有关联。销售计划以月时段来进行意味着销售计划的制订、重审以月为周期。而供需计划与生产计划以周时段来进行则意味着其制订、重审以周为周期。

像这样，我们在思考时需要将时段与周期同步。只不过，像该例子那样用月时段来制订销售计划、用周时段来制订供需计划与生产计划的话，有时时段无法达到同步合作。也就是说，我们应该在某一个点更换时段，使得月时段的销售计划可以与周时段的供需计划及生产计划相结合。其方法有：详细制定日时段的内容、并归纳至周时段；将周时段套入月时段当中，等等。这些规定也是解开时段时间轴“绳索”的方法之一。

❖ 重新审订计划的频率也值得考虑

时段和周期都与企业的计划频率相关，这也是由企业的业务水平所决定的。以月时段制订计划的企业比以周时段制订计划的企业应对速度要慢，或是经常会发生混乱。

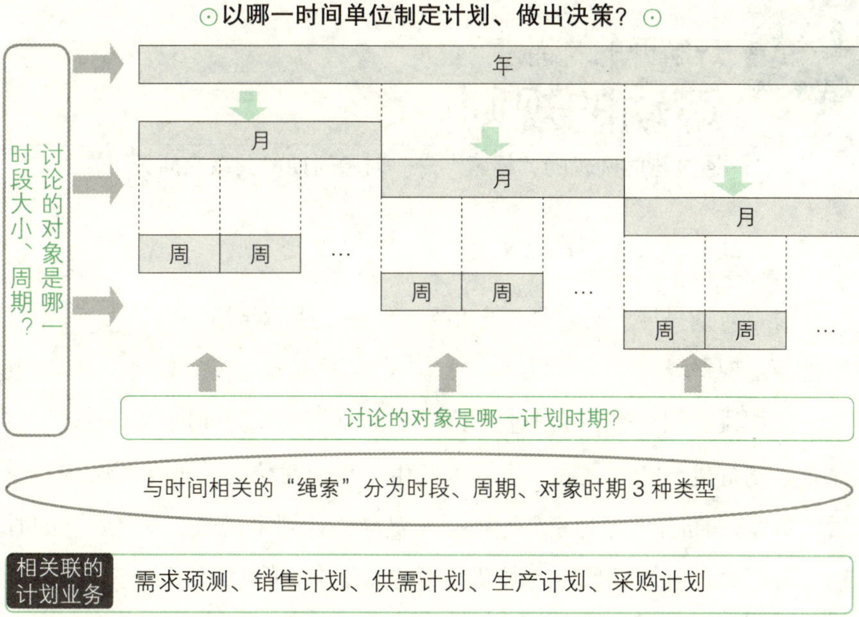
以哪一时间单位制定计划、做出决策？
年
月
月
月
周
周
…
讨论的对象是哪一时段大小、周期？
讨论的对象是哪一计划时期?
与时间相关的“绳索”分为时段、周期、对象时期 3 种类型
相关联的计划业务
需求预测、销售计划、供需计划、生产计划、采购计划

SCM 计划差不多以周时段为周期时刚好，但如果销售周期以月为单位的话，需求预测与销售计划也应该以月时段为单位每月进行 1 次，供需计划则以周时段为单位展开，在每周的周期内不断地进行重新审视。日程计划与实施则以天及小时的时段进行即可。

时段也需要根据商业形式与计划功能解开“绳索”，看哪一时段更加合适，根据需要分解为更小的时段，或是将时段进行累积。

此外，还有时间这一对象时期的“绳索”。其内容包括实际成绩的时期、已经确定的时期（计划冻结时期）、这次要确定的时期、内部公开与预定的时期，等等。比如说，从现在看到的过去是实际成绩的时期。从现在看到的未来也有以前就制订了计划并完成订货等情况，这些是无法改变的未来时期。确定了计划的时期是已经确定的时期（计划冻结时期）。此外，决定了这次要确定的时期后，将来就是内部公开与预定中还可以进行更改的时期。这些概念的定义与下一节将要介绍的滚动有所关联。

10 5

应解开的“绳索”④

滚动的规则

通过与时间轴的“绳索”——对象时期的关联来解开

计划滚动的思路

对象时期是应解开“绳索”的对象，不过随着时间的推移，对象时期也会出现差异。

比如说，假设有一家企业生产计划的制订时期为4周后。那么，在该企业制订生产计划之际，实际上的生产指示对象是从现在开始的4周后的数量。而这个“4周后”对上周制订的计划来说是“5周后”的时期。换言之，上周是预定的时期，而这周是确定的时期。

此时，在上周的预定阶段已经制订了人员计划，而如果在这周确定的时候突然增加生产计划的话，就有可能会导致人力不足。相反，如果减少生产计划的话则有可能导致人力剩余。在4周前安排人员已经来不及了，人们需要更早地进行安排，因此从预定的阶段开始就需要不断地获取信息，以便计划好所需的人员。

因此，从很早的预定阶段就需让人提供计划信息，在计划确定前多次重新审视，对人员计划进行微调整，最终逐步确定下来。确定了计划之后，就能确定必要的人数。

也就是说，从确定计划的几周前开始就要不断地重新审视计划，使得计划更加细致。这就是滚动（Rolling）。我们需要解开哪一计划如何滚动、会对哪些地方造成影响的“绳索”。

未来的计划滚动的规定并不严格

其次，我们需要制定在滚动时可将计划变更至哪一程度的规定。在

⊙制订计划周期与滚动⊙

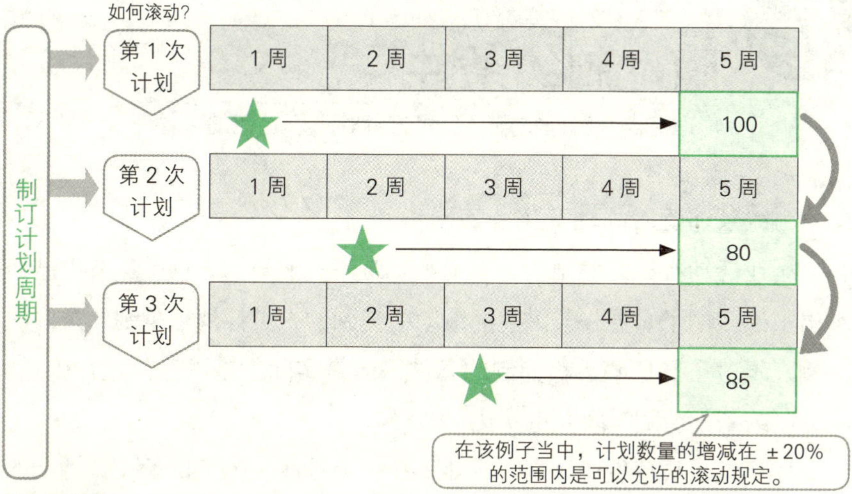
如何滚动?
制订计划周期
第1次计划
第2次计划
第3次计划
1周
2周
3周
4周
5周
100
80
85
在该例子当中，计划数量的增减在 ±20% 的范围内是可以允许的滚动规定。

相关联的计划业务	需求预测、销售计划、供需计划、生产计划、采购计划

上述人员计划的例子当中，如果确定计划时临时说需要 2 倍的人员，恐怕也很难做到。假设实际上只能通过安排、调整人员达到增加 20% 的人员的话，则计划生产数量可以增加的范围也在 20% 左右。将其制定为规定的话，即在确定计划时“+20% 是上限”。

这一规定在未来的计划滚动当中并不严格。比如说，规定“预定时期可以无限制地增减计划数量，但在内部公开时应在 ±30% 的范围内，确定时的上限为 +20%”等。

只不过，如果需要争抢各品种的生产能力与零部件的话，就难以精确地制定增减范围的规定。有时企业只会制定一项指导方针的规定，此时需要通过生产销售的调整会议等由管理层的决策来决定数量的增减。

此外，如果无法制定增减数量范围的规定的话，需要让生产与采购部门回复计划实现的可能性。该业务需要将能否完成要求数量作为交货期的信息进行公开，回复数量增减的范围。

10

6 应解开的"绳索"⑤ 确定制约条件

物理特点、时间特点、公司方针等形形色色的条件

✣ 制约条件随时间轴变化、转移

企业活动有许多的制约，本书第4章第6节与第6章第2节中已经举出了许多例子。上一节讲述的滚动中提到的人员计划也是制约条件的一例。不过虽然这些都称为制约条件，但是实际上难以对其进行确定。因为制约条件会随时间发生变化、转移。

比如说，滚动生产计划时，如果在3个月前决定了设备投资计划的话，则设备能力就成为了制约条件，然后若在2个月前决定了零部件的采购计划的话，在设备能力的范围内可以采购到的零部件数量就成为了制约，而1个月前的人员计划则是在设备能力制约与零部件制约的基础上加入的制约。由于存在着设备能力制约与零部件制约的天花板，无论再怎么增加人数也毫无意义。也就是说，制约条件随时间轴而变化。上一节中也简单地提到过制约的问题，但是并不是说只需要注意人员计划这一项制约就能确定计划了。

此外，制约条件还会发生转移。比如说，有时提高了某一设备的能力的话，其他设备就会成为制约。或是根据制造种类的不同，有时机械A会成为瓶颈（制约），有时机械B会成为瓶颈。

因为存在着随时间轴变化的制约条件与会发生物理性转移的制约条件，所以我们不能将制约条件简单地概括为1个或是2个。确定制约条件、在SCM系统上实际安装出乎意料地困难。

✣ 制约条件有很多

自己公司的作业能力、外部供货商的作业能力、模具（治、工具）

⊙计划时应该考虑的“制约条件”⊙

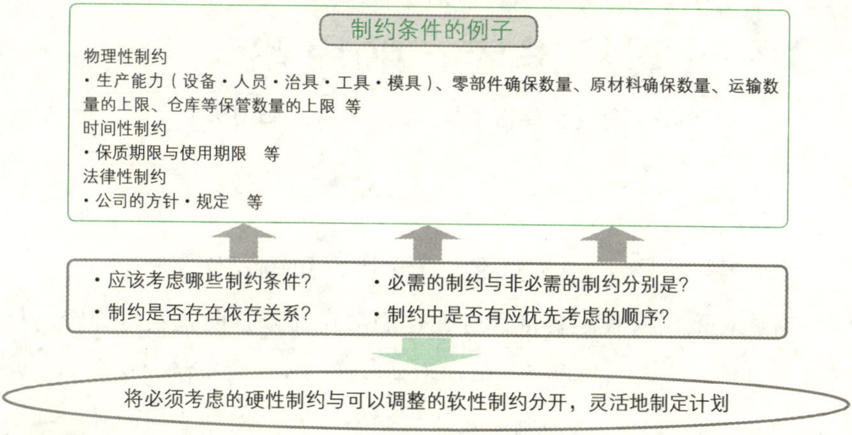

制约条件的例子
物理性制约
・生产能力（设备・人员・治具・工具・模具）、零部件确保数量、原材料确保数量、运输数量的上限、仓库等保管数量的上限 等
时间性制约
・保质期限与使用期限 等
法律性制约
・公司的方针・规定 等
・应该考虑哪些制约条件？
・必需的制约与非必需的制约分别是？
・制约是否存在依存关系？
・制约中是否有应优先考虑的顺序？
将必须考虑的硬性制约与可以调整的软性制约分开，灵活地制定计划

相关联的计划业务	供需计划、生产计划、采购计划

的数量、作业人员的出勤情况、作业人员的熟练程度、采购零部件的数量、作业顺序、运输单位、保管场所的容量、特殊的保管设备准备时间能否中断、气温、湿度、药水的滴定率、保质期限、使用期限……随便都能举出这么多的制约条件。

但是，在计划阶段很难注意到所有的制约条件。人在使用系统时可以考虑到的制约最多只有一两个，所以首先应该考虑出硬性制约，接着在实行业务时随时调整即可。

此外，除了物理的、时间的制约条件以外，还有法律与方针上的制约条件。企业里最麻烦的是方针制约。

“重要顾客的订单应最优先”、“在降低库存的活动中不可购买预计今后会涨价的市场商品”、“因为奉行劳动效率优先，所以就算产品库存过剩也不能停止生产”等方针成为了制约，有时会引起业务上的问题。这些是在业务上做出判断、决策时不可避免的方针制约，所以还需要解开管理方针的影响的“绳索”。

10
7
应解开的"绳索"⑥
计算标准库存的思路
统计性对策（演绎法）与实践性对策（归纳法）

分解思考标准库存

令人意外的是，许多企业都没有设定理想的标准库存。

有些厂商没有设定标准库存，他们会在几个月前就获得确定的订单，且订单的生产期间很长，但却不采取任何库存方面的对策。还有些厂商由于设备特殊、专门制造很少有机会生产的产品，他们甚至认为"完全不用考虑标准库存"。

也有许多企业想要设定、应用标准库存，但却不知道如何去做。

基本上，我们需要通过必要时期的要求数量（期间时段所需数量）与到供给为止的期间内发生变动的**安全富余数量**（安全库存）的合计数量来认识标准库存。期间时段所需数量是自然确定的，而安全库存需要根据供给的时期（前置期）与变动的数量来计算。

变动的数量是指从过去的实际业绩来考虑出货将与预测发生多大的偏差，并确定面对这一变动，可以确保至多少数量。比如说，如果下一次进货是在4周后的话，为了使生产在这4周期间没有进货也能维持下去，无论这4周内的出货数量发生怎样的变动，都必须要确定能保证100%的变动对策，或是95%的变动对策，或是至少80%左右。95%的变动对策是指100次中允许出现5次缺货的情况，80%是指100次中允许20次缺货。

标准库存可以分解为必要时期的要求数量与安全富余数量，我们需要从统计学来讨论如何持有安全富余量，解开这些问题的"绳索"。根据库存理论进行演绎性思考，之后只要进行模拟并且判断是否可以实

⊙合理库存的计算方法⊙

统计学上合理库存的计算方法	期间时段的所需数量 + 安全库存（决定可以容许多少缺货） * 如果绝对不容许缺货的话即为 100% 的变动对策，容许 5% 的缺货的话为 95% 的变动对策，容许 20% 的缺货的话则为 80% 的变动对策。

↑

应该选择哪种方法?

↓

计算合理库存的简单方法	· 所需时段的必要数量的 X 倍数量 · 从所需时段计算周时段的必要数量 · 出货平均值 · 定量数值（比如说一直是 100 个等） · Min–Max 法（确定最小库存与最大库存）

相关联的计划业务	供需计划、生产计划、采购计划

装，就能在一定的程度上做出决定了。

❖ 归纳性地把握标准库存

另一方面，还可以进行归纳性的考虑。比如说，可以采取“这周订单增加只不过是要提前准备下周的数量，那么只需要制定两周时间的要求数量（期间时段所需数量）与计划数量就可以了”等方法。

这种归纳性的决策也需要采取简单的方法。该方法包括所需时段的必要数量的 X 倍数量、从所需时段计算周时段的必要数量、出货平均值与决定的定量数值（比如说一直是 100 个、通过 Min–Max 法确定最小库存与最大库存等），等等。

采用这一方法时，需要分析过去的出货实际业绩，明确每一时段有多少富余，确定“该时段计划数量的 2 倍”、或是“从该时段往后 2 个时段的合计计划数量”，等等。

10

8 应解开的“绳索”⑦ 需求预测单位的组合

由于各种因素错综复杂，难以找到最佳因素

✣ 大量“绳索”纠缠不清的需求预测单位

需求预测单位是解开“绳索”与重新编织的宝库。首先要有一根产品轴，即产品范畴、产品系列、单品等的“绳索”。接着还要有通过全球统一预测，或是按不同国家、不同地区进行不同预测的地区轴；依据不同营业所、不同仓库、不同店铺等组织进行不同预测的组织轴；此外还要有时间轴，如半期时段预测、月时段预测、周时段预测，等等。

麻烦的是我们必须通过这些因素的组合来解开“绳索”，分析怎样才是最佳的预测方法。某一企业或许适合以产品系列、不同国家、月时段为单位的精确预测，而其他企业或许则适合以单品、不同仓库、周时段为单位进行预测。

✣ 不一定非得通过预测精确度来决定组合

我们可以通过能达到最高预测精确度的视角来考虑各种因素的组合，也可以通过决策框架的视角来考虑。

决策框架也有可能根据产品的特点而改变。比如说，销售制造机器的厂商在进行需求预测时，可以对高价位的机型以单品为单位，由各营业所来预测；对中低价位的机器由国内中心仓库出货基地来预测；消耗品则通过消耗品的产品系列，依据出货比例将其按比分解为单品，等等，这些都是可以参考的例子。

这样一来，高价位的机型通过分店长的决策进行销售；中低价位的

⊙编织需求预测的“4 根轴”⊙

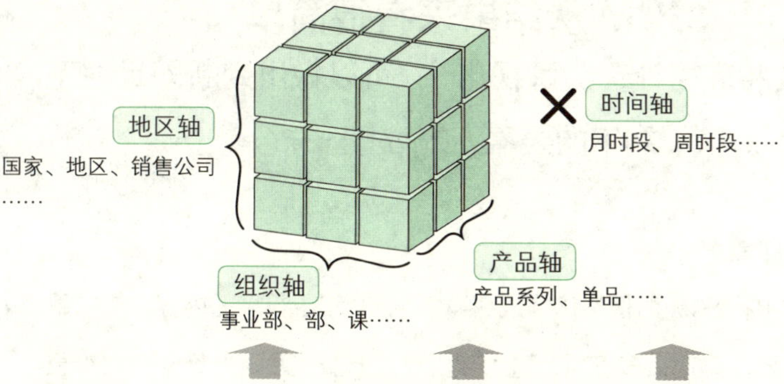
地区轴
国家、地区、销售公司
……
组织轴
事业部、部、课……
产品轴
产品系列、单品……
×
时间轴
月时段、周时段……

各轴之间组合多种多样
难以判断通过哪一组合进行预测更合适

相关联的计划业务	需求预测

机型由事业部进行决策并事先准备，分店接到顾客订单后将库存出货；消耗品则按公司的决定持有大量库存，所以考虑到生产效率，应进行大量生产，之后再进行细分，等等。这些商业产品的定位与应该管理的内容各不相同。就算在同一企业内部，也有各种各样的预测单位。

另一方面，可以获取的实际数据有时也会成为制约条件。当实际出货不是以分店为单位进行统计时，就无法以分店为单位进行预测。相反，想要对日本市场进行统一预测时，如果只掌握了以分店为单位的实际出货情况的话还不够，还需要总结日本国内的实际出货情况。

根据预测模型的不同，“绳索”的因素有时会出现各种各样的可能性，比如说预测全球运行的机械时，应以其中使用的零部件与附件为单位重新总计，结合消耗比例与故障比例来预测，等等。

在解开了“绳索”之后，需要慎重地讨论如何确定最适合“编织”“绳索”的预测模型。反过来说，解开“绳索”后，需要花费一定的劳力与时间将其重新编织为可以进行决策、管理的单位。

SCM从结果来看很简单

——只要将表格计算"可视化"、可以做出判断即足够了，剩下的要靠人的智慧——

简单即美

前文中将SCM的框架比喻成"绳索"，介绍了很多的内容。在"编织"时需要注意这么多事项，这让我由衷地佩服人真是要经常对困难至极的事情做出决策。我忍不住将其形容为"SCM就像解高次方程一样"，希望这一比喻能够给大家带来一定的实际感受。

然而，实际上设计完成的SCM业务简单得出乎人们意料，或者说，计划类业务所使用的系统看上去只是简单的表格计算。就像数学一样，其算式解开时往往是十分简单的结构，SCM也同样是简单的结构。但是，现在还有许多企业没能找到门路，业务就像陷入了离奇复杂的原始森林一般不知所终。

一些天才或是奇才解开了这种复杂的现象，即海外SCM系统包，然而这种"解答"也只是天才或是奇才在理想状态下的"解答"，而不是"我们公司"的现实"解答"。

只要将这些"绳索"解开再编织起来的话，就会发现，通过公司自己的资深人士解答的现实方法，即通过可以管理的单位将SCM"可视化"，再由资深人士进行判断，并由管理层来做出决策，用这种简单的业务、系统来实施就已经足够了。

第11章

构建 SCM 的步骤及重点

11 1

引导SCM走向成功的6个步骤

反省失败原因，发现成功的重点

构建 SCM 失败的原因

SCM 是指如何认识业务，为了实现目标如何将计划性业务与实际性业务相结合，并且建立业务与系统的结构。各位读者读到这里，相信已经能够理解这点了。

这些听上去是理所当然的事情，但是过去许多构建 SCM 的项目都是因为没有做到这些理所当然的事情而失败了。其原因主要有 5 点。

1. 没有理解公司的战略

在构建 SCM 时如果不与公司方针一致的话，其实施是十分困难的。只有协调好业务上的合作伙伴与公司内部的组织单位，才能建立理想的业务。首先应该理解公司的战略。

2. 忽视业务形式

人们需要弄清楚自己公司经营的是怎样的业务，为了获得竞争优势，应该采取哪一形式的 SCM。如果在设计业务、引进系统时没有确认好这一点的话，就会忽视自己公司获取竞争力的差异化因素，或是出现业务设计、系统设计不符合自己公司的实际情况，导致失败。

3. 忽视实际执行业务的人

实际上很多时候都是系统部门中心推进 SCM 的构建活动，而业务部门却避而远之。如果不能获得执行业务的人员的理解或是承认的话，花费再多的时间与金钱都会失败。

⊙ SCM 构建 · 成功的步骤 ⊙

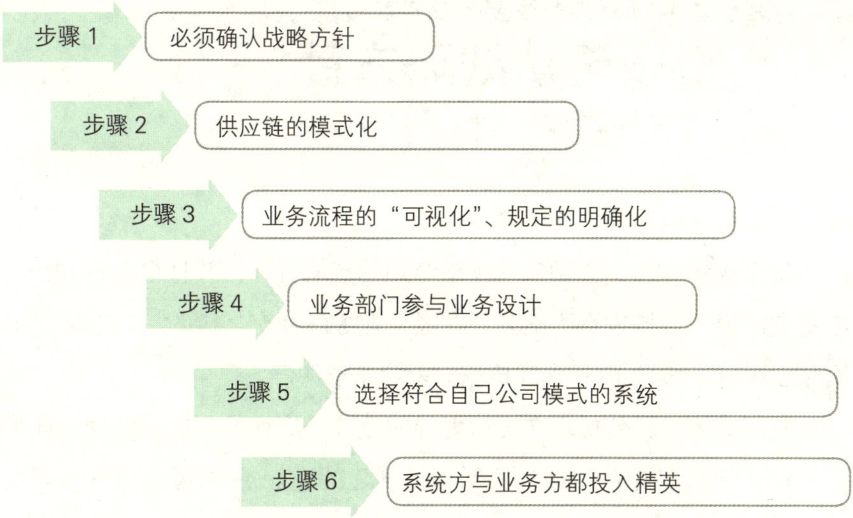
步骤 1
必须确认战略方针
步骤 2
供应链的模式化
步骤 3
业务流程的“可视化”、规定的明确化
步骤 4
业务部门参与业务设计
步骤 5
选择符合自己公司模式的系统
步骤 6
系统方与业务方都投入精英

4. 凭借“因为有名”的简单判断就选择了系统

在 2000 年前后，许多公司都引进了有名的 SCM 系统包。然而实际上这些公司最终并没有建立起梦想中充满魔力的系统。因为他们在引进系统时没有思考其是否适合自己公司的 SCM。

5. 系统团队的技术水平低

最后，SCM 系统可谓是公司的中枢神经，与各项业务紧密相关，因此需要各种各样的系统接口。但是，许多时候公司的系统部门无法设计大量复杂的系统接口与应用，导致系统就像装不了数据的空箱子一样。因此我们应该在公司内外招集一批拥有高技术水平的员工。

反向分析以上这 5 个失败的原因，就可以得知成功构建 SCM 的 6 个步骤（参照上图）。从下一节开始，我们将依次详细介绍各个步骤的具体内容。

11 2 SCM构建·成功的步骤①

必须确认战略方针

不能立刻进行业务设计、引进系统

✣ 确认公司的现状与未来的目标

想要构建SCM，必须首先确认公司的战略方针，并且根据该方针思考供应链模式。如果不明确公司在经营业务时拥有怎样的目标的话，那么今后在讨论SCM的基础与依据时就会不够明确。

我们必须了解公司现在经营怎样的业务，应该如何加以改变，如果不依据这一战略方针的话，好不容易构建的SCM业务与系统有可能毫无用武之地。

✣ 先“确认战略方针”

确认公司的战略方针意味着确认业务上的组织配置以及与合作伙伴的合作情况、向顾客销售产品与运送产品的方法、库存的管理方法与生产方式等。这些方针是由各个公司自己决定的，其结果会使供应链出现不同的变化。

比如说，是像戴尔那样不保有库存、采取接受订单后再进行生产的方式，还是像其他电脑厂商一样通过流通渠道销售，两者之间有极大的差异。换言之，根据公司想要经营的业务的模式不同，应选择的供应链形式也会发生变化。

在战略方针当中，需确认销售战略（是直接销售、还是经由流通渠道等）、库存战略（在哪里设置解耦点、如何分配仓库）、物流战略（运输是否采取高频率化、海外运输是空运还是海运等）、生产战略（自己公司制造还是其他公司制造、有无外包工序等）、采购战略（是否系统化、是否公开采购等）。

⊙"确认战略方针"时应完成的任务⊙

应确认的事项

- 中长期事业目标
- 产品开发战略
- 本公司未来业务与课题
- 确认现在持有的资产与今后的设备投资战略
- 战略方针（销售、库存、物流、生产、采购）
- 商业模式
- 目标值

→ 确认未来发展方向，输入信息用于描绘理想的供应链（模式）。

现状的问题点

→ 认识课题，理解现状的问题点，使之符合讨论的基础

必须确认上述"战略方针"！
SCM 等于设计业务，因此需要通过理解目标方向与现在的出发点，
来讨论"脚踏实地的理想论"。

战略方针会随着目标而改变。确认目标即可以明确在业务中应该完成哪些事项的判断标准。

✣ 还需确认业务现状

确认业务现状还有一大意义。即可以认识到当前的业务水平与战略方针之间的差距，明确应针对哪一目标、如何进行改变这一课题。

比如说，在战略方针方面以不持有产品库存的订货型生产方式为目标，但如果现状是持有产品库存的计划型生产方式的话，就有必要改变制订计划的方法、生产方法、接受订单的方法与出货方法。于是需要解决改革这些方面的课题。

此外，从与战略方针进行对比的意义来说也要确认业务现状。我们经常看到"应该忽视现状，思考理想的业务"之类的无视现状的模式，但这是行不通的。业务现状是由业务上的制约与已有设备、法律条件等原因造成的，如果我们在讨论时无视这些的话就会触上暗礁。从符合讨论基础这一意义来说，也必须要确认现状。

11 3

SCM 构建 · 成功的步骤②

供应链的模式化

基于战略方针开展业务模式

✣ 供应链的模式化

构建 SCM 的第 2 个步骤是根据战略思考供应链的模式。

虽然我们在确认了战略方针后，就想要马上进入业务设计，但是这样的话并不能够构建 SCM。因为 SCM 本身就是设计商业模式，合作伙伴、经营资源的配置情况、业务的管理方法、业务的执行方法会随着商业模式而发生改变。

在这些合作伙伴与经营资源的支撑的基础上，明确设备种类及存放地点；如何配置、运输库存；需要多少人员；计划性业务与实际性业务有何关系等问题，就可以建立供应链的模式。

✣ 构建“供应链的模式化”

在构建 SCM 时，必须确认自己公司拥有多少供应链模式。此时最主要的视角就是解耦点。

如果自己公司的业务同时有预计生产与接受订单生产的话，则至少存在着两种以上的业务形式。于是其库存配置、需求预测、销售计划、供需计划等计划的制订方法、接受订单后的业务流程会发生变化。为了判断这些区别，首先需要确认解耦点。

此外，还要讨论各种计划性业务、实际性业务的形式。需求预测决定了是使用统计预测还是人为预测；供需计划是否需要供给分配等业务；制约条件应由谁在哪一范围内进行关注。同时还决定了物流据点间

⊙构建供应链模式的示例⊙

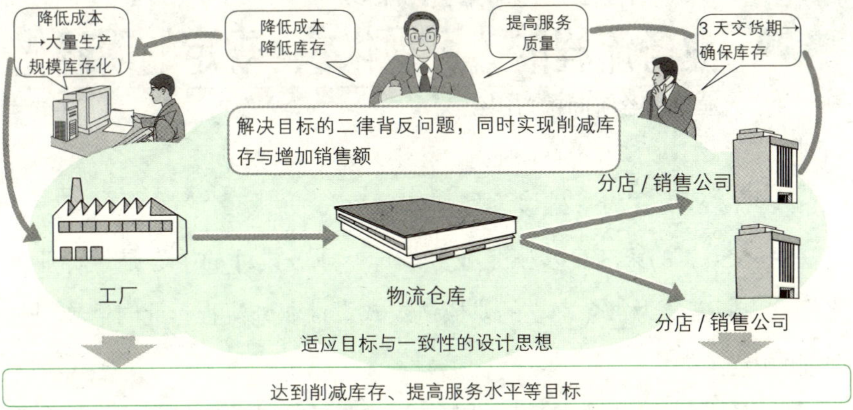
降低成本
→大量生产
（规模库存化）
降低成本
降低库存
提高服务
质量
3天交货期→
确保库存
解决目标的二律背反问题，同时实现削减库存与增加销售额
分店/销售公司
工厂
物流仓库
分店/销售公司
适应目标与一致性的设计思想
达到削减库存、提高服务水平等目标

（应该通过“供应链的模式化”实施的事项）

确认、设计解耦点 讨论各计划业务、实际业务	⇒	确认SCM形式有多少种变化形式，反馈给业务设计
通过供应链模式按层分配业务	⇒	解决目标的二律背反问题

的补货时机、配送频率。因为这些会导致补货计划的执行时间、配送资源（卡车等）的分配方法、应用形式等发生变化。

❖ “供应链的模式化”还能解决目标的二律背反问题

供应链的模式化还有另一个重要的作用，即解决目标的二律背反问题。

公司的资金是有限的，所以说实话并不想持有库存。然而为了确保销售额而不得不持有库存时，有时会因为担心缺货而导致削减库存的工作停滞不前，陷入资金周转困难的处境中。换言之，减少库存与确保库存、减少缺货是二律背反的问题。此时需要根据产品与顾客的具体情况，按层次区分库存削减对象与库存增加对象，通过供应链的模式化来解决目标的二律背反问题。

4 SCM构建·成功的步骤③ 业务流程的“可视化”、规定的明确化

准确描绘时间轴与组织

以供应链模式为基础设计业务流程

构建SCM的第3个步骤是业务设计。业务设计的中心是设计业务流程。我们需要为每个确立的供应链模式设计业务流程，此时需要更加详细的内容。

计划性业务需要普通计划流程、缺乏供给时的分配计划流程、开发新产品时的流程、生产结束时的流程、销售结束时的流程等内容，我们需要将其一一描绘清楚。实际性业务由于每名顾客的订单形式与出货形式都不同，所以得根据需要决定内容。

因为我们需要为每一业务内容设计业务流程，所以关键是确认一开始有多少业务内容，并预计整体工作量，以免发生遗漏。这点做得不好的话，有可能会花费庞大的时间，因此还需要对深入观察并设计业务流程所需要的人员进行预估。

设计业务流程时的注意事项

我们经常看到的业务流程是仅仅只列举了业务范围的流程图。想要构建SCM，仅凭这些并不足够。SCM中重要的是业务的时间与前后关系、组织间的职责和权限，所以我们必须构建可以明确这些事项的业务流程。

因此，业务流程中必须明确表示出时间轴与组织，明确“什么时候、由谁在什么基础上（在哪一业务后）决定什么（输出什么），以及

⊙业务流程的“可视化”⊙

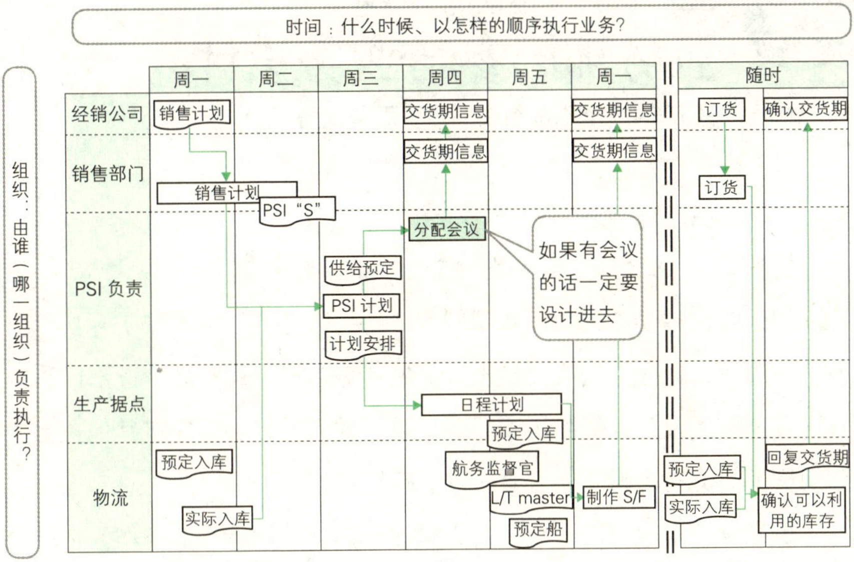
时间：什么时候、以怎样的顺序执行业务？
组织：由谁（哪一组织）负责执行？
周一
周二
周三
周四
周五
周一
随时
经销公司
销售部门
PSI 负责
生产据点
物流
销售计划
交货期信息
交货期信息
订货
确认交货期
交货期信息
交货期信息
订货
销售计划
PSI “S”
分配会议
如果有会议的话一定要设计进去
供给预定
PSI 计划
计划安排
日程计划
预定入库
预定入库
航务监督官
回复交货期
预定入库
L/T master
制作 S/F
实际入库
确认可以利用的库存
实际入库
预定船

这一输出信息与接下来的业务有何关联”。

我们不能仅仅罗列业务处理，而必须在有会议召开时将“××会议”也写进业务流程。业务流程不是系统的处理流程，其存在着会议等协议与决策，所以不加入这些内容的话就不能构成正确的“业务”流程。尤其不是由组织高层单独批准，而是通过会议等协商批准时，必须要加入会议，否则在哪儿由谁批准就不够明确了。

✣ 业务规定的明确化

在制定业务流程的同时，还需要制定业务规定。人们需要制定供给不足时的分配规定、库存剩余时停止生产的规定、废弃的规定、变更计划的规定、优先保留顺序等。

业务规定不仅是执行业务时的标准，而且有些规定还会实装于系统中。如果实装于系统中的话，就必须对规定做出明确的定义。

11 5

SCM 构建·成功的步骤④

业务部门参与业务设计

SCM 的主角不是系统部门，而是业务部门

✣ 不能全权交给系统部门与项目成员

构建 SCM 的第 4 个步骤是获得业务部门的参与。

如果之前的步骤是由系统部门主导的话，还必须要获得实际执行业务者的理解，让他们同意已经设计好的业务。或是就算以业务部门为中心进行了业务设计，但除了实际参加设计的人员以外，还有其他执行业务的员工与上司，因此还需要通过他们的同意。

不光是征求他们的同意，还必须让他们确认设计的业务作为自己的业务是否可行，按照流程参与实际的业务实施工作。就算是为了事后不会被人指责“流程制定得过于独断了”，也需要让其负责批准，并且保证实施。否则的话，不仅努力会付诸东流，而且之后引进系统也很有可能失败。

我们绝不能把所有事情都交给系统部门与项目管理成员。当然，管理层也必须判断业务内容是否能够为完成设定的经营目标做出贡献。

✣ 通过“集中讨论会”调整利害

那么，应该如何与业务部门及管理层达成一致，获得他们的首肯呢？

当然也有通过将目标与供应链模式相结合，在单独解释业务流程与业务规定的基础上获得同意的方法。这也是必要的尝试，但是往往效率不佳，而且经常会出现有些部门认为合适的事项在其他部门看来却不合适，之后夹在中间的项目成员变得左右为难的情况。因为是 SCM，所以

集中讨论会示例

讨论课题	顾客服务水平的协议 ・从接受订单到送达顾客的前置期 ・将预计生产与订单生产分开 （解耦点的上游化） ・维修零部件库存重点 ・库存标准 业务流程 ・需求预测周期、销售计划周期、PSI 周期 ・时段 业务权限 ・接受订单・回复交货期的规定 ・调整生产、销售的规定 等
参加者	营业负责人、管理 PSI 负责人、管理 生产管理负责人、管理 采购负责人、管理 物流负责人、管理　等
时　间	每种业务各 1 天

→ 管理层、利害相关人、实际业务负责人的承诺

在调整组织间的业务流程时，有些部门的业务负担会有所增加，或失去权限。相反有些部门的责任越来越重，我们需要对其进行利害调整。

为了调整利害，有一种方法是同时聚集利害关系对立的部门，并且让管理高层也参加，一次性进行调整。也就是说，召开名为“集中讨论会”的会议，让各个部门与管理层都出席，在会上确认目标、确认供应链模式、批准业务流程与规定、消除利害对立并且获得彼此的理解，促使大家在今后的业务中互相合作。

这看上去像是某种仪式，但是其重要性却是出乎意料的高。大家同聚一堂、聆听相同的内容并且通过批准，这意味着所有参加者都成为了证人。之后就没法反悔不理地说“没听说过这么回事”，因此在这一机制下，管理层与负责人都能负责地接受自己的业务。

11-6 SCM 构建·成功的步骤⑤

选择符合自己公司模式的系统

今后需要“沟通型”的系统

✣ 为什么 SCM 系统“无法使用”？

如果确认了公司的战略、明确了供应链模式，并且根据该模式与业务内容设计出了业务流程，进行“可视化”业务的话，自然就可以明确必需的系统功能。

通过业务的“可视化”，可以明确计划性业务是决策业务，而实际性业务则应该严肃、迅速、正确地处理。这样即可得知计划性业务只需要能够让管理者与制订计划者做出决策的材料，要求提供其所需的系统。而实际性业务则需要可以准确掌握票据流转、由谁输入哪一票据并进行处理的系统。

结果可以得知，计划性业务适合 SCM 系统，实际性业务适合 ERP 等综合基础系统。

由于 ERP 中票据的流转简单易懂，所以选择哪种系统并没有很大的问题，也并不困难。但是，SCM 系统因为各个公司的管理形式不同，很难进行标准化与模式化，并不是说只要引进系统包就一定能运行。这就是人们普遍认为“SCM 系统无法使用”的原因。

✣ “引擎型”适合的业务、“沟通型”适合的业务

SCM 系统大致可以分为两种类型，即引擎型与沟通型。

引擎型是指装载复杂的计算逻辑与统计模式，使用高规格的高价硬件不断地运转，进行最合适的计算。过去经常宣传的 SCM 系统几乎都

⊙如果需要加入管理层的判断，则应构建“可视化”系统⊙

选择实施型 SCM 系统时的重点	选择计划型 SCM 系统时的重点
接受订单、出货、物流、购买等业务应该选择具有所需“票据”的系统	计划业务应该选择绝对优先业务的系统
实际业务应该引进尽可能排除多样性的系统	非要说计划业务“应该符合系统”是不合情理的
只不过，实际业务中可构成竞争力源泉的业务需要进行充分考虑	如果系统可以辅助人们做出决策的话，基本上就足够了
业务标准化落后的部分应该通过“系统常规”强制标准化	从简单的计算与“可视化”开始就足够了。可以在此之后再进行升级
与竞争力无关的部分可以配合系统包使用	计划系统不是自动计算最合适措施的引擎，而是沟通的工具
↓ ERP 等以票据为基础的实际处理系统	↓ SCM 的“可视化”系统

是这种形式。

引擎型适用于配件补充或是贮藏所补货等简单的、只需要进行大量补充数量计算的业务。市面上可找到相应的具有一定效果的系统包。

但是，正如本书所阐明的一样，几乎所有的 SCM 计划性业务都是通过讨论 PSI 的过去、现在与未来，考虑风险、以组织利益最大化为目标的“管理业务”。其伴随着决策。然而人们往往将与决策相关的业务与实际运营混为一谈，想要通过引擎型系统自动计算出最合适的情况，所以才会得出“SCM 系统无法使用”的结论。这点在前文中已经介绍过了。

在实际性业务中需要沟通型SCM。沟通型正是指PSI的过去、现在、未来的“可视化”。今后人们越来越需要沟通型的 SCM，而不是依据开发方的偏好所制作的引擎型 SCM。

11 7

SCM构建·成功的步骤⑥
系统方与业务方都投入精英

应该认识到SCM是“决定公司收益性的重要机制”

✣ 系统的设计、开发、测试

在选择了适合业务的系统之后，即进入了常规的系统设计、开发、测试。

在计划性业务中，实施SCM系统的设计、开发、测试。正如上一节所介绍的一样，SCM是管理业务，现成的系统包会给人们带来不满，因此需要在实际中踏实地进行设计、开发、测试。实装需求预测与实装标准库存计算需要统计知识。此外计划数量的合计单位、分解单位在业务的各个时段都有所区别，所以设计数据库也需要相应的技术。因此构建支撑计划性业务的系统需要投入拥有足够的业务知识的精英。

由于SCM系统能辅助与公司收益相关的决策，所以我们需要认真地构建系统。我们应该投入精英，严肃地进行设计、开发、测试。

而关于实施型系统，没有附加价值的业务部分用ERP等系统包就足够了。以前有不少关于“需要这一票据”、“画面难以输入”之类的细枝末节的讨论，然而我们需要明确辨别拥有附加价值业务、仅仅因为过去的习惯而执行的业务与没有附加价值的业务，严格区分追加开发需要花费资金的部分与不需要的部分。

但是，过去的系统部门有可能难以做到这些。尤其是对听命于部门来构建系统的员工来说，这是非常困难的工作。此时还是需要熟悉每种不同业务的系统部门精英妥善地处理，应对不同用户，有时还需要借助上司的职权，动用政治力量来引进系统。

⊙举全公司之力使系统落实⊙

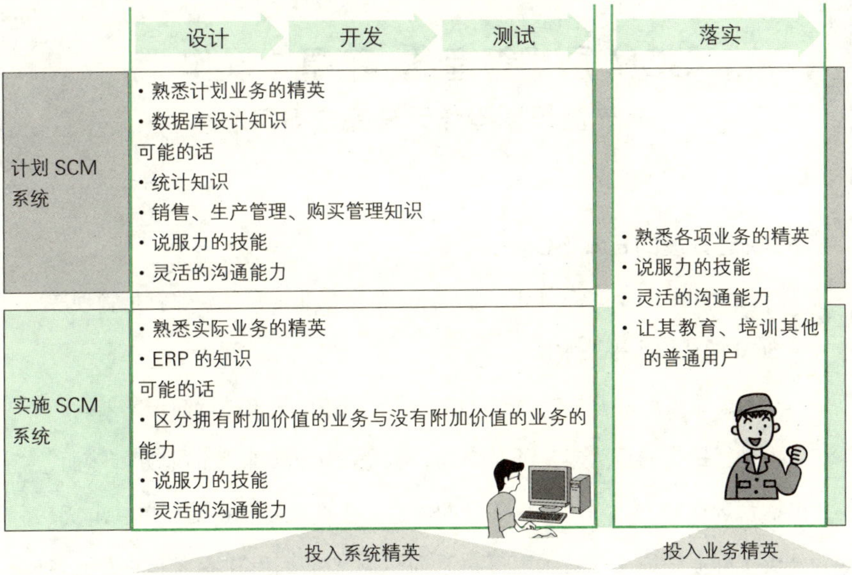
设计
开发
测试
落实
计划 SCM 系统
·熟悉计划业务的精英
·数据库设计知识
可能的话
·统计知识
·销售、生产管理、购买管理知识
·说服力的技能
·灵活的沟通能力
实施 SCM 系统
·熟悉实际业务的精英
·ERP 的知识
可能的话
·区分拥有附加价值的业务与没有附加价值的业务的能力
·说服力的技能
·灵活的沟通能力
·熟悉各项业务的精英
·说服力的技能
·灵活的沟通能力
·让其教育、培训其他的普通用户
投入系统精英
投入业务精英

实施型系统是公司内部收集重要的实际业绩、作业实际记录、会计记录的重要系统，但其与顾客没有关系，对削减库存与提高销售额也并没有很高的贡献度。因此，不需要花费庞大的金额，只要投入精英，合理、顺利地引进系统即可。

✣ 系统与业务的落实

在系统刚建成时，用户也会有许多不满。人是保守的动物，容易认为用惯的系统比新系统要好。因此起初业务的效率或许会暂时降低，但这只是一时的问题。业务部门需要将精英视为核心用户，让其教育、培训其他的普通用户，使系统得到落实。

column

SCM 是“管理”，不是“操作”

——光靠积累操作无法完成 SCM——

缺乏管理的日本 SCM

在对许多企业做咨询时，有一件事情令我非常在意。那就是管理层对 SCM 的认识水平非常低。

制造业与流通业是处理产品的产业。制造产品再进行销售、采购产品再进行销售的行为本身就是 SCM，也是决定公司收益的业务。然而，包括管理层在内，对“计算、分配库存、生产准备、接受订单、出货、分析实际业绩、采取行动”等一系列 SCM 业务流程并不了解的人员多得出人意料。

仅就 SCM 而言，我可以毫不夸张地说几乎所有的 PDCA 周期都没有运转。如果这话有些过了的话，至少可以说 PDCA 周期的运转速度很慢，还只停留在通过上个月的结果来考虑几个月后的事情，或是通过合计金额而不是数量来进行讨论的水平。许多公司并没有及时处理问题的能力，总是落后一步。管理层光顾着发火，并没有掌握管理 SCM 的控制杆。

不少公司的管理层并不清楚何种产品卖出了多少，也没有对今后应该准备销售多少什么样的产品做出决策，而是将这些问题都交给现场的作业人员。SCM 如今已经越来越像作业（操作），而不是管理了。然而，现在我们需要的恰恰是作为管理系统的 SCM。

精益制造011
TPM
推进法
图解生产实务

定价：28.00元

精益制造012
BOM
物料管理
图解生产实务

定价：36.00元

精益制造013
成本管理
图解生产实务

定价：30.00元

精益制造014
物流管理
图解生产实务

定价：32.00元

精益制造015
新工程
管理
图解生产实务

定价：32.00元

精益制造
016
工厂
管理
机制

定价：32.00元

精益制造
017
知识
设计
企业

定价：38.00元

精益制造
018
本田
的造型
设计哲学

定价：26.00元

精益制造
019
佳能
单元式
生产系统

定价：36.00元

精益制造
020
丰田
可视化
管理方式

定价：22.00元

精益制造031
TQM
全面品质管理
[日] 山田秀 著

定价：36.00 元

精益制造032
丰田现场
完全手册
[日] 若松义人 著

定价：46.00 元

精益制造033
工厂经营
[日] 高桥功吉 著

定价：38.00 元

精益制造034
现场安全管理
[日] 中村昌允 著

定价：42.00 元

精益制造035
工业4.0
之3D打印
日本日经制造编辑部 著

定价：49.80 元

精益制造036
SCM供应链
管理系统
[日] 石川和幸 著

定价：38.00 元

精益制造036
成本减半
[日] 三木博幸 著

定价：38.00 元

图书在版编目（CIP）数据

SCM 供应链管理系统 /（日）石川和幸 著；李斌瑛 译．—北京：东方出版社，2016.8
（精益制造；36）
ISBN 978-7-5060-9159-6

Ⅰ.①精… Ⅱ.①石… ②李… Ⅲ.①制造工业－工业企业管理－供应链管理
Ⅳ.① F407.406

中国版本图书馆 CIP 数据核字（2016）第 201148 号

精益制造 036：SCM 供应链管理系统
（JINGYIZHIZAO 036: SCM GONGYINGLIAN GUANLI XITONG）

作　　者：［日］石川和幸
译　　者：李斌瑛
责任编辑：吴　婕　王思怡
出　　版：东方出版社
发　　行：人民东方出版传媒有限公司
地　　址：北京市东城区东四十条 113 号
邮政编码：100007
印　　刷：北京楠萍印刷有限公司
版　　次：2016 年 10 月第 1 版
印　　次：2016 年 10 月第 1 次印刷
印　　数：1-6000 册
开　　本：880 毫米 ×1230 毫米　1/32
印　　张：7.125
字　　数：148 千字
书　　号：ISBN 978-7-5060-9159-6
定　　价：38.00 元
发行电话：（010）85924663　85924644　85924641